平凡社新書
903

# 警察庁長官狙撃事件

真犯人"老スナイパー"の告白

清田浩司
KIYOTA KŌJI

岡部統行
OKABE MUNEYUKI

HEIBONSH

警察庁長官狙撃事件●目次

# プロローグ

麻原が死んだ……。

二〇一八年七月六日金曜日、オウム真理教の教祖・麻原彰晃（しょうこう）こと松本智津夫（ちづお）（執行時六三歳）ら七人の教団幹部の死刑がついに執行された。実は、前日から不穏な動きはあった。五日夜九時半過ぎだったろうか、わたしが職場であるテレビ朝日の近くの六本木の行きつけの居酒屋で一人酒をしていると、公安調査庁の幹部から久方ぶりに電話が掛かってきた。公安調査庁とは、一般にはあまり知られていない組織だが、法務省の外局で、国際テロ組織や国内の政治団体・宗教団体を監視、また北朝鮮・中国・ロシアなどをはじめとする諸外国の動向など、国内外の情報収集及び分析に取り組む情報機関である。わたしの貴重な〝ネタ元〟のひとつだった。

「清田さん、明日執行があるって警察の警備関係者から聞いたんですよ。うちも明日は一応、態勢とるつもりですけど、何か情報入っていますか？」

ほろ酔い気分が一気に吹き飛んだ。

「えっ？　まだ国会の会期中ですよ。確かに最近そういう情報が結構流れていますけど……」

「そうですか……、まあ、一応お伝えしましたので」

この日はまだ、国会の会期中であった。通常、国会の会期中に死刑を執行すると、野党などが人権の観点から法務大臣らを追及するので、会期中の死刑執行は避ける傾向にある。しかし、何か小骨が喉(のど)に引っかかった気がした。


翌六日朝、普段は携帯の着信音は出ないようにしているのだが、この日は万が一を考え、音量を最大にしておいた。すると午前八時半すぎ、出勤しようと靴を履いているときに携帯電話が鳴った。相手は、昨夜の公安調査庁の幹部だった。

携帯の受信ボタンを押すなり、殺気立った声が響いてきた。

「清田さん、さきほど死刑が執行されましたよ！」

「え!?　麻原ですか？」

「そうです！　うちもバタバタしているんで、切りますよ！」

こちらが情報提供への感謝の意を伝える間もなく、一方的に電話を切られた。

オウム事件は、日本のみならず世界中を震撼させた未曾有のテロだ。その実行犯らの死刑が執行されたとなれば、テレビ朝日でもすぐに速報を打って、報道特別番組を放送しなければならない。だから、わたしには数か月前より、上司である報道局幹部から、「いつでも対応ができるように、しばらくオマエの出張は禁じる。決して東京二三区から外に出ないように」と〝禁足令〟が出ていた。まったく記者というのは、つくづく因果な商売だと思う。

ただ、われわれには、報道機関として、稀代の凶悪犯罪者らが法の手続きに則って死刑に処されるという厳粛な事実を、国民にしっかりと伝える義務があるのだ。

麻原彰晃。

「尊師」「グル」「最終解脱者」などと自らを称し、最盛期には国内に一万五〇〇〇人、ロシアに三万五〇〇〇人もの信者を従えていた男（オウムを取材してきた人間にとって、やはり〝麻原〟は〝麻原〟であり、「松本智津夫元死刑囚」などと呼ぶのは違和感がある。以下、麻原と記述する）。

麻原は八〇年代から九〇年代にかけ、平成という時代に現れた日本の新興宗教のカリスマ的な存在だった。九〇年代の初頭には、わたしが働くテレビ朝日の『朝まで生テレビ！』

や『TVタックル』にも出演し、田原総一朗やビートたけしなどと新しい時代の宗教について語り合うほどだった。

しかし、一九九五年の地下鉄サリン事件をきっかけに、麻原とオウム真理教による悪魔のような所業が次々と明らかになってくる。坂本弁護士一家殺害事件、松本サリン事件など、すでに世に知れ渡っていた大事件をはじめ、信者リンチ殺人や、VXガス殺人など、これまで闇に隠されていた犯罪行為まで立件されたものだけでも、二九人もの命を奪い、約六五〇〇人に重軽傷を負わせたことが判明している。

## 「オウム記者」と呼ばれて

二〇一八年七月六日と二六日、麻原をはじめとしたオウム真理教の元幹部の死刑囚一三人全員の死刑が一斉に執行された。これだけの人数の死刑が短期間に行われたのは、異例中の異例である。わたしは、朝のワイドショーから夜の『報道ステーション』まで、生放送のテレビ番組に出ずっぱりで、オウム真理教の過去や、残された後継団体の今後についてコメントをし続けた。

そのたびに、キャスターたちがわたしのことをこう紹介した。「二〇年以上にわたり、オウム真理教を取材し続ける清田デスクに話を聞きます……」

そう、わたしは人呼んで「オウム記者」である。

長年にわたりオウムを取材し、オウムを追及し、オウムの闇を追いかけ続けてきた結果、テレビ朝日の局員はもちろん、報道各社の仲間たちからもそう言われるようになっていた。

わたしの「オウム記者」としての経歴を簡単に説明しておきたい。

一九九一年（平成三年）にテレビ朝日に入局。ちょうどバブル景気の最後期に就職をした世代である。いわゆる〝バブル入社〟というやつだ。

入社後は、報道局の社会部に記者として配属され、いまに至るまでのほとんどを報道畑で過ごしてきている。現在は、夕方の『スーパーJチャンネル』というニュース番組で、事件・事故を検証する『追跡！真実の行方』など特集コーナーを統括している。

オウム取材のきっかけは、一九九五年の「地下鉄サリン事件」だった。

当時、入局五年目を迎えようとしていた社会部記者のわたしは、事件発生直後に地下鉄日比谷線の小伝馬町駅へと派遣された。そこは、多くの被害者が出た現場だった。

あの日に見た光景はいまも忘れることができない。駅に近づこうとすると、普段は車が走っているはずの四車線の大きな道路が救急車両で埋め尽くされていた。けたたましいサイレンの音が、異常事態であることを知らせている。急いで中に入っていくと、目を疑うような世界がそこにあった。道の上に、数百人の人間がバタバタと倒れているのだ。両目を押さえる人、咳き込む人、痙攣を起こしている人、もがき苦しむ人。異様なうめき声が、あたり一面を支配していた。なかには、全身が硬直したように動けなくなっている人もいる。

「日本で戦争でも起きたのか……」

これが、現場を目のあたりにした記者としての率直な感想だった。

後からわかったことだが、人類史上もっとも毒性の強い化学兵器のひとつであるサリンが、地下鉄という閉鎖空間の中でばら撒かれたのだ。あの、ナチス・ドイツを率いた独裁者アドルフ・ヒトラーですら躊躇し、戦時中も使用しなかった猛毒の神経ガスを、オウムは全く無辜（むこ）の市井の人々に向けて無差別に使った。もちろん、東京のような大都市でこのような化学兵器が使われたのは、世界で初めてのことであった。

その後、事件がオウム真理教による犯行だとわかってきたことで、わたしも様々なオウム取材に駆り出されることになる。

なかでも、記憶に残っているのは、山梨県上九一色村（かみくいっしき）（当時）にあった「サティアン」と呼ばれるオウムの巨大施設群に行き、教祖・麻原彰晃が逮捕される瞬間を撮影・報道するため一か月近くも張り込んだことだ。警察は、施設内に隠れているはずの麻原をなかなか見つけられず、いつ逮捕されるかわからないため、わたしたち報道関係者は昼夜を問わず現場に張り付いている必要があった。

ただ待っているのでは時間を消費するだけなので、麻原が発見されるまでの間、一般のオウム信者たちにカメラを向けて取材することにした。サティアンの中での彼らの生活を外から望遠レンズのカメラで撮影したり、直接近くまで行って声をかけてみたりした。すると意外なことに、自分がそれまでオウムに対して描いていた〝殺人カルト集団〟のイメージとはまるで違うことに気がついた。

「なんでこんな普通に見えるわたしと同世代の若者たちが、オウムなんかにはまってしまったのだろう？　本当に彼らが、事件を起こしたのか？」

そんな素朴な疑問を抱いたものだ。

いま考えてみれば、その疑問の答えが知りたくて、二〇年以上にわたり追跡取材を続けてきたのかもしれない。

「物質的な豊かさではなく、精神的な豊かさを求めた真面目な若者たちが、なぜオウムに入り犯罪に手を染めていったのか？」

わたしが今でも問い続けているオウム問題の深い闇だ。

サリン事件から約二か月後の五月一六日、麻原は自室のあった第六サティアンで逮捕された。早朝に濃い霧が立ちこめる中、麻原を乗せたワゴン車がゆっくりと牧草地帯を走っていく様子を、わたしは報道特別番組の生中継で必死にリポートした。

やがて裁判が始まると、麻原やオウム幹部らの法廷を取材した。

合計で三〇〇回以上は傍聴しただろうか。彼らの生の声を聞いて、時には驚愕し、時には憤り、また被害者遺族の証言に涙したこともあった。

並行して、オウムの後継団体やその信者たちへの取材も行った。残された信者たちはどこへ行くのか、どんな宗教活動をしていくのか、もう危険性はないのか、地域住民との軋轢はないのか、ジャーナリストとしてレポートし続けた。

さらに、上祐史浩氏のようなオウムの元最高幹部や、麻原の三女である「アーチャリー」こと松本麗華氏などに独占インタビューを行い、オウム事件の知られざる真相を特別番組や特集コーナーとして放送した。

サリンの後遺症に苦しむ被害者の方々や、遺族の方々の深い悲しみにも耳を傾け、真摯に向き合ってきたつもりだ。

自分で言うのも憚られるが、テレビ局や新聞社の記者でここまでオウムのことを取材し続けている人間は、わたし以外にはいないだろう。

## 平成最大の未解決事件

そんな「オウム記者」のわたしが、ここ五年ほど力を入れて取材をしてきたのが、一九九五年三月三〇日に起きた「國松警察庁長官狙撃事件」だ。それは、地下鉄サリン事件のわずか一〇日後に起きた。当時、日本の警察官のトップに君臨していた第十六代警察庁長官・國松孝次(たかじ)氏が、自宅マンションを出たところで、何者かに銃で狙撃されて瀕死の重傷を負った。

犯人は、二〇メートル以上離れたビルの物陰から、三発の銃弾を長官に撃ち込んだという。まるで、ハリウッド映画に出てくるプロの殺し屋のような手口だ。国家の治安を守る警察のトップを標的にした前代未聞の「暗殺未遂テロ」に日本中が震撼した。わたしも当時、「この国はいったいどうなってしまうんだ!?」と強い不安を抱いたことを覚えている。

この事件で、まず犯行を疑われたのは、オウム真理教だった。国家転覆を狙ったとされる地下鉄サリン事件を起こし、警察から大規模な強制捜査を受けていたオウムには、國松長官を狙う動機があるように思えた。

さらに、事件の翌年に、元オウム信者だった現役の警察官が、「自分が長官を撃った」と名乗り出たことで、事件は早期解決すると考えられていた。

しかし、國松事件はなぜか未解決のままに〝迷宮入り〟することになる。犯人だと名乗り出た元オウム信者の供述は二転三転。「神田川に捨てた」と証言した犯行に使われた銃も、最後まで見つからなかった。

二〇一〇年三月に、時効が成立。一五年間にも及ぶ捜査で、延べ五〇万人もの警察官を投入したにもかかわらず、真犯人を捕まえることができなかった。

警視庁は、時効会見を開いて、「事件はオウムにより行われた計画的・組織的なテロであった」と断定したが、その証拠がなかったからこそ逮捕ができなかったのだ。国家の威信をかけたはずの大捜査は、大失敗に終わってしまった。

いまだ謎に包まれたままの、國松警察庁長官狙撃事件。

今回、わたしがこの本を通して書きたいのは、この事件の知られざる真相である。二〇一四年から五年間をかけ、この事件を徹底して再取材してきた結果、ついに真犯人と思われる男を突き止めたのだ。

いま、わたしの手元には三〇通以上にも及ぶ〝真犯人〟との往復書簡がある。流麗な美しい文字で、いつも便箋用紙いっぱいにぎっしりと書いてきていた。そこには、ごく一部の警察関係者しか知らなかった〝國松事件の真実〟が赤裸々に告白されていた。

〈私が長官狙撃の実行者であることは絶対の真実であると断言します。

長銃身拳銃によるVIP暗殺は、特殊作戦の一環だったのです。コードネームを「ハヤシ(H)」という信頼できる同志が全面的に協力してくれました。長官狙撃は二人の共同

“真犯人”との書簡のやり取りは5年近くに及んだ

作戦といえないでもありません〉
そして、手紙の中には、自分が長官を撃ったという決定的証拠をいくつも書き連ねていた。それは、まさに真犯人にしかできない「秘密の暴露」のオンパレードだった。

オウム記者と呼ばれてきたわたしだからこそ断言しよう。

「國松事件だけは絶対にオウムの犯行ではない」

あれは、オウムにはできない犯行だ。

事件の背後には、いつだってわれわれの想像を超えた魑魅魍魎が跋扈している。事実は小説よりも奇なり。事件は想像よりも奇なりだ。

ここから、國松事件の真相を追い求めた、わたしと〝相棒〟との物語をお読みいただきたい。

# 第一章　警察庁長官狙撃事件の闇

## 警察トップを狙った暗殺未遂テロ

時計の針を一九九五年三月三〇日に戻そう。

早朝、自宅のベッドでぐっすりと寝ていたわたしは、いつもの不快な電子音で叩き起こされた。

「なんだ、また事件かガサ（家宅捜索）でもあったのか……」

仕事用のポケベルの画面には社会部デスクの電話番号が表示されている。当時はまだ誰もが携帯電話を持てる時代ではなく、ポケベルが主流だった。自宅の固定電話から社会部のデスクに連絡を入れると、普段は冷静沈着な先輩記者が電話口でパニックになっているのが伝わってきた。

「警察庁長官の國松さんが、自宅を出たところで撃たれた！　これからすぐ出られるか⁉」

警察庁長官といえば、文字通り日本警察のトップに君臨する人物であり、この国の治安を預かる最高責任者だ。その警察庁長官が、何者かに銃で撃たれたというのだ。

「はい、わかりました。すぐに出ます！」

わたしは、ろくに顔も洗わずにスーツに着替えると、慌てて家を飛び出した。時刻は朝九時前頃、外には小雨が降っていた。タクシーを捕まえると運転手に文京区にある日本医大病院へ急行してくれと告げる。長官がそこに緊急搬送されたとの情報が入っていた。

タクシーの車内で、ようやく寝ぼけていた頭が動き出す。

「地下鉄サリン事件からわずか一〇日後に、今度は警察のトップが撃たれた？　いったいこの国はどうなってしまうんだ……」

振り返ってみれば、一九九五年は怒濤の年だった。年明け早々の一月一七日に阪神・淡路大震災が発生。三月二〇日には地下鉄サリン事件が起き、その一〇日後の三月三〇日に國松警察庁長官狙撃事件が続いたのだ。他にも、女子高校生ら三人が銃で殺害された八王子スーパーナンペイ殺人事件、函館ハイジャック事件も同じ年に起きている。

当時、わたしは、テレビ朝日に入社して五年目を迎えようとしていた。社会部記者として、厚生省（当時）の取材を担当していたが、大事件が発生する度に助っ人として現場へ〝配牌（はいぱい）〟されることになっていた。

病院に到着すると、そこは想像以上に物々しい雰囲気だった。数台のパトカーのサイレンがけたたましく鳴り響き、所轄の駒込警察署がテロの第二波を警戒して厳重な警備を敷いていた。さっそく、病院関係者に対する取材を始めると、事件の詳細が少しずつわかってきた。

その日のわたしの取材メモには、こんな走り書きがあった。

〈長官　自宅　南千住
午前8時半過ぎ　散弾銃のような銃で5〜6発撃たれる
けが重傷
9時ころ運びこまれ救命救急センターで緊急処置中〉

いま、改めて初期情報を見直すと、間違いがかなり多いことに気づかされる。犯行に使われた銃は、後にリボルバー式の回転銃と判明するが、当初は散弾銃と思われていた。発砲回数も五、六発ではなく、実際は四発だった。事件発生直後は、現場も相当に混乱し、情報が錯綜していたことがうかがえる。ただ、日本医大が「散弾銃のような銃」と勘違いした理由については、この日の夕方に開かれた記者会見で合点することになる。

午後五時頃、國松長官の六時間にも及ぶ手術が終わり（術中に、何回も心臓が停止するほどの大手術だった）、担当医師たちによる会見が開かれた。

そこで発表された内容は、詰めかけた五〇人以上のマスコミ関係者にとって衝撃的なものだった。長官の身体のいたるところに銃創と呼ばれる銃撃による穴が空いていたこと、損傷が激しく出血がひどかったため合計で一〇リットルもの輸血を行ったことなどが伝えられたのだ。これは、成人男性のおよそ二人分の血液量に相当する。言うなれば、血液が

國松孝次警察庁長官が撃たれた現場付近を調べる捜査員（1995年３月30日、共同）

二回まるごと入れ替わったということになる。会見では感染症も危惧されると指摘していたのも記憶している。

これも、後にわかったことだが、犯行に使われた銃弾は、致死率を高めるために特殊な加工が施された弾だった。この会見の時点では、医師団は「今夜が山だ」と語っていたが、國松長官は奇跡的に一命を取り留めることになる。わたしは、夜のニュースに合わせて病院の前からこうした情報を夕方のニュース番組で生中継をして、長く激しい一日を終えた。

これが、「國松警察庁長官狙撃事件」とわたしの最初の関わりである。

## 警備が手薄だった國松長官

ここで、事件の被害者である國松孝次氏の

プロフィールをご紹介しておきたい。

一九三七年、静岡県浜松市生まれ。地元の名門、県立浜松西高校を出て、東京大学法学部に進学。大学では剣道部に所属していた（同時期に、トヨタ自動車の張富士夫相談役も剣道部にいた）。その東大剣道部の師範が警察でも指導をしていたこともあり、就職を勧められ、六一年に警察庁に入庁する。いわゆる〝キャリア組〟のエリートだ。

警察内部で評価を上げたのは、七二年に起きた「あさま山荘事件」での仕事ぶりだった。連合赤軍が一〇日間にわたって人質をとって立てこもった世紀の大事件。当時、警視庁広報課長を務めていた國松氏は、混乱する現場に臨場して情報を取りまとめ、報道機関への対応を見事にこなしてみせたという。

その後、警視庁公安部長、兵庫県警察本部長、警察庁刑事局長などの重要ポストを歴任。九四年七月に二〇万人（当時）の警察官のトップである警察庁長官に就任した。

國松氏と親交が深い平沢勝栄衆議院議員によると（同じく東大法学部から警察庁に入庁した経歴を持つ）、國松氏は、武士のような古いタイプの男だったという。警察庁長官になってからも、「自分に警護要員をつける必要はない。警察官が警察官を守るのはおかしいだろう。そんな余力があれば捜査にあてるべきだ」と言って、警護を頑なに断っていたというのだ。結果的には、そのことで警備が手薄になったこともあり、狙撃をされてしまったのだが……。

また、國松氏の人となりを現すこんなエピソードもある。國松氏は長官になる前に、在フランス日本大使館の一等書記官として出向していた。大使館の書記官ともなると、日本からフランスにやってくる要人のホテルや食事の手配から観光案内までアテンドする必要がある。

「國松氏は非常に如才なく気を遣える方でした。要人がパリの脂っこい食事に疲れたら、さっぱりした日本食のレストランへご案内したり。本来はしなくてもいいのですが、休みの日曜日にまで車を出して、パリ周辺を観光案内されたりしていました」

警察庁長官就任の記者会見をする國松氏（1994年７月12日、共同）

國松氏と親交のあった、ある裁判所元幹部が教えてくれた。

「警察官僚というと強面（こわもて）のイメージがありますが、普通のおじさんという感じの穏やかな方でした。とても真面目で仕事熱心。役人としてはやはり優秀で、本富士署の署長を皮切りに、その後どんどん偉くなられて、やはりすごい方だったのだなと思いました」

國松氏の知られざる一面がうかがえる話ではないだろうか。

## 現場に残された「三つの謎」

事件現場となったのは、國松長官の自宅がある南千住の高層マンション群「アクロシティ」。アクロとはギリシャ語で「最高の、最上の」という意味だ。わたしも、現地を訪れたことがあるが、なんとも広大な敷地である。三二階建ての「バベルの塔」を思わせるような巨大なタワーを中心に、一五階建てくらいの住居用のビルがAからFまで六棟並んでいる。南千住という長閑な下町の中にあって、そこは明らかに異彩を放っていた。バブル景気の中で建てられた、まるでコンクリートの要塞のようだ。

警察が、事件直後よりアクロシティで聞き込み捜査を行ったところ、犯人を見かけた目撃者が何名かいることがわかった。その情報から犯人は、身長一七〇センチほどの四〇歳くらいの男で、帽子をかぶり白いマスクをして、紺色のトレンチコートを着ていたという。狙撃後は、自転車に乗って逃走していた。

そして、現場に残された遺留物などを調べていくと、事件のカギを握る「三つの謎」が浮かび上がってきた。

一つ目の謎は、「特殊な弾丸」だ。

事件現場や國松長官の体内から、発砲された弾が発見されたことで、犯行に使用された銃弾が判明した。アメリカのフェデラル社製の「ホローポイント式・ナイクラッド弾」。

このホローポイントというのが、致死率がきわめて高い凶暴な弾丸なのである。

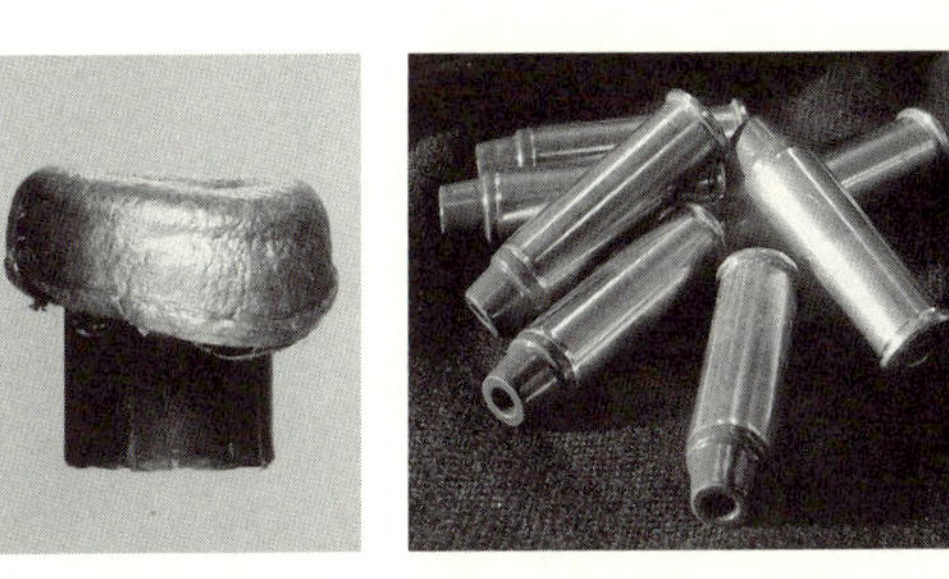

國松長官の体内から摘出した弾

ホローポイント式・ナイクラッド弾

上（右）に載せた写真が、使われた弾と同型のタイプのものだ（メーカーは異なる）。先端が窪んでいるのがわかるだろうか。これが銃から発射されて人間の身体に着弾した瞬間、先端部分がめくり上がって傘が開くように大きく広がる。すると、弾の口径がもともとの倍以上に膨らむことで、人体をズタズタに破壊することになる。熊などの大型動物をハンティングするのに使われる弾だ。

上（左）に載せた写真は、実際に國松長官の体内から発見された弾だ。キノコの傘が開いたような形をしているのがおわかりになるだろう。この致死率の高い特殊な弾丸を使っていたからこそ、國松長官は重傷を負い、出血多量となったのだ。長官狙撃にあたり、わざわざこの弾を選んでいるあたりに、犯人の強い殺意を感じる。しかも、こんな特殊な物が、日本国内で簡単に手に入るとは思えない。いったいどこで手に入れたのだろうか？

二つ目の謎は、「特殊な拳銃」。

発見された弾丸に残された線条痕から、凶器として使われた銃の種類も明らかになる（線条痕とは銃における指紋のようなもの。銃身の内側の溝の形によって、弾につく傷の形が違うため、銃を特定できるのだ）。アメリカのコルト社が製造する「コルト・パイソン」。パイソンとはニシキヘビの意味である。中でも、銃身が八インチもある大型のものが使用されていた。日本の警察官が使用するニューナンブと比べてみても、二倍近い大きさだ。

〝拳銃のロールスロイス〟とも呼ばれる高級品で、精巧に作られているため命中精度が非常に高い。さらに、強烈な威力の弾丸を発射できるのが特徴で、その破壊力は車のドアを貫通するほどだ。しかし、それだけに射撃時の反動がかなり大きく、射撃手の技量が試される。

パイソンの八インチは、生産台数そのものが少ないため、ガンマニアがコレクターズ・アイテムとして取っておくような銃だ。日本の犯罪史上おそらく初めて使われたであろう特殊な銃を、犯人はどうやって手に入れたのだろうか？

三つ目の謎は、「高度な射撃技術」。

犯行現場の見取り図を見ていただきたい。國松長官はマンションの通用口から外へ出て、

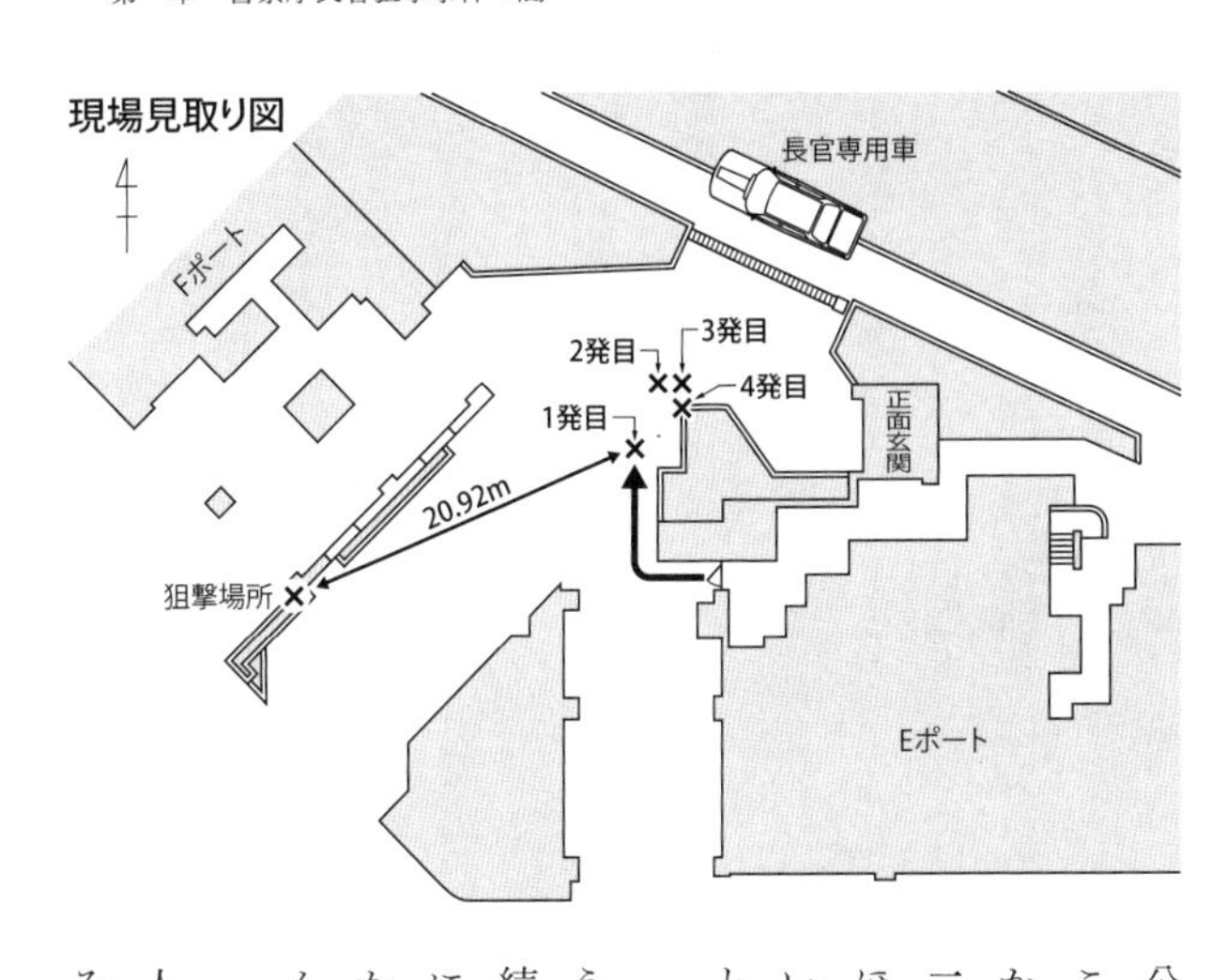


公用車に乗ろうと秘書官と一緒に歩いていたところを、隣のビルの建物の陰に隠れていた犯人から突然狙撃された。その距離、実に二〇・九二メートル。これは、山手線の一両分の長さとほぼ同じである。それだけ離れた距離から、歩いて移動している標的に一発目から命中させたというから驚きだ。

さらに、後ろから撃たれて前につんのめるようにして倒れた長官に対し、二発目と三発目も続けて命中させている。それも、秘書官が銃撃に気づき、長官を守ろうと覆い被さったにもかかわらず、わずかに見えていた下半身に撃ち込んだというのだ。

銃の専門家に検証してもらったところ、「犯人は、訓練を受けている者しか考えられない。それに、過去にも人間を撃った経験があるはずだ。通常、初めて人間に向かって射撃をすると、焦ったり戸惑ったりして一発目を外すことが多い。それが、動いている目標に対して一発目から確実に当てて、長官が倒れ込んでからも冷静に連射を浴びせている。マインド・セット（心の準備）ができているプロとしか思えない」というのだ。

まるで〝スナイパー〟のような射撃技術を、犯人はどこで身につけたのだろうか。

事件現場から浮かび上がってきた「三つの謎」、特殊な弾丸、特殊な拳銃、高度な射撃技術。

この謎を解くことができなければ、犯人は逮捕できないのだ。

## 警察の〝ミス・キャスト〟

國松事件は、東京都荒川区の南千住で起きた殺人未遂事件である。通常であれば、東京を管轄する警視庁の刑事部・捜査一課が事件を担当するはずだった。テレビの刑事ドラマでもお馴染みの、えんじ色の「Ｓ１Ｓ」と書かれたバッジをつけて、殺人や強盗や誘拐などの凶悪犯罪を捜査する部署だ。現場に残された遺留品などの証拠収集を徹底して行い、地べたを這うような聞き込みをして証言を集め、犯人を割り出していく。いわば、「事件捜査のスペシャリスト集団」である。

しかし、國松事件は、なぜか公安部が担当をすることになった。

公安部とは思想犯やテロリスト、カルト集団、外国人スパイなど特殊犯罪を担当する部署。捜査対象者となる危険人物を見つけると徹底的にマークし尾行や内偵を行い、事件を起こすのを未然に防ぐのが任務だ。つまり、同じ警察でもまるで専門分野の違う部署が、捜査を担うことになったのだ。完全なミス・キャストだった。

これには理由があり、当時は地下鉄サリン事件など、一連のオウム事件の捜査に刑事部の全勢力が注がれていたため、捜査員たちは手一杯の状態だったのである。そこで、白羽の矢がたったのが公安部だったわけだ。國松事件では、当初からオウム真理教の関与が疑われていたことや、警察トップという要人を狙ったテロであること、事件現場に北朝鮮の軍のバッジが落ちていたことなどが影響したのかもしれない。

当時の取材メモにも――

「なぜ公安?」

というタイトルで、警視庁上層部のコメントが書かれていた。

「全庁（全警視庁）あげてやらねばならない。刑事部の状況、オウムの大捜査網、要員の問題ある。が公安事件と断定したわけではない。極左捜査を常時やっているということで担当」（括弧内は筆者の補足）と書かれていた。

だが、このことが事件の運命を大きく狂わせていくことになる。

## テレビ朝日にかけられた「謎の脅迫電話」

捜査を任された警視庁公安部がまず犯行を疑ったのは、オウム真理教だった。その大きな要因となったのが、長官が狙撃された直後にテレビ朝日にかけられてきた、一本の脅迫電話だった。一般的にはあまり知られていないが、この脅迫電話の存在が、オウム犯行説への流れを決定づけたと言われている。

それは、事件発生からわずか一時間後のことだった。テレビ朝日の電話交換台にひとりの男性が電話をかけてくると、こう言い放ったのだ。

「オウムに対する捜査をやめろということ。そうしないと、國松孝次、それに続いて井上と大森は怪我しますからね」

井上と大森というのは、当時警視庁のトップとして警視総監を勤めていた井上幸彦と、内閣情報調査室長であった大森義夫のことだと思われた。オウムに対する捜査を止めなければ、國松警察庁長官に続いて、警察や国家の要人を狙ったテロを次々と起こすぞという脅迫だった。國松長官を撃ったのはオウムだという、犯行声明にも受け取れた。

「やはりオウムの仕業だったのか……」

テレビ朝日の局内でこの電話の録音テープを聞いたわたしは、妙に納得したことを覚えている。当時の社会状況を鑑みれば、オウムが犯人であることが当然のように思えていた。

この脅迫電話を重く見たテレビ朝日は、すぐに局のある六本木を管轄する麻布警察署に通報し、録音テープを任意提出。警察が、それを声紋鑑定にかけた。すると、あるオウム信者の声が、電話の声と酷似しているという結果が出たのだ。このことが大きなきっかけとなり、公安部は「オウム犯行説」へと捜査の舵（かじ）を一気に切っていくことになる。

ある警察幹部は、事件翌日には、怒気を込めてこう言い放っていた。

「オウムとの全面戦争ということだろう。崩壊しつつある組織の最後のあがきなんだろう。あんな組織ぶっつぶしてやる！」

この言葉が、当時の捜査員たちの率直な気持ちを表していた。

## 極秘の捜査資料にあった「容疑者リスト」

わたしは、國松事件の取材を続ける中で、当時の警察内部の捜査資料を入手した。表紙には「極秘」という赤いハンコが押されている。警視庁公安部を中心とする長官狙撃事件の特別捜査本部が事件の翌年に作ったもので、五三ページにわたりオウムへの捜査の内容が書かれている。

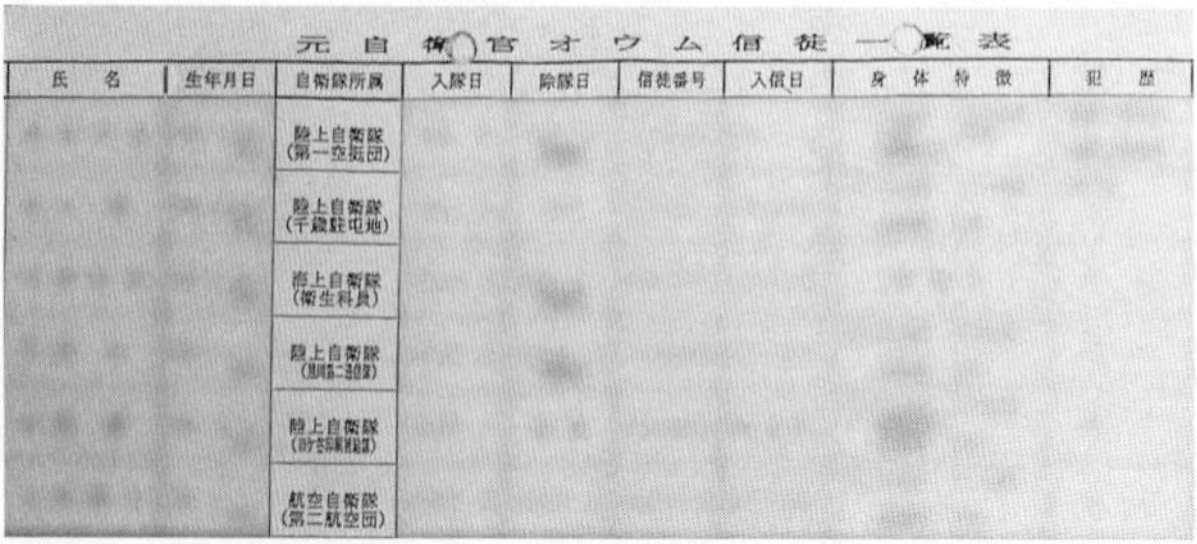

元自衛官オウム信徒一覧表

| 氏名 | 生年月日 | 自衛隊所属 | 入隊日 | 除隊日 | 信徒番号 | 入信日 | 身体特徴 | 犯歴 |
|---|---|---|---|---|---|---|---|---|
| | | 陸上自衛隊（第一空挺団） | | | | | | |
| | | 陸上自衛隊（千歳駐屯地） | | | | | | |
| | | 海上自衛隊（衛生科員） | | | | | | |
| | | 陸上自衛隊（[illegible]） | | | | | | |
| | | 陸上自衛隊（[illegible]） | | | | | | |
| | | 航空自衛隊（第二航空団） | | | | | | |

自衛隊出身のオウム信者の名前が並ぶ捜査資料

この資料で注目すべきは、犯人の〝候補者〟リストだ。リストのトップには、自衛隊出身のオウム信者三五人の名前がずらりと並んでいる。拳銃が使われた事件で、しかも射撃技術がかなり高いことを考えれば、確かにまず疑ってかかる人物像である。さらに、リストには、オウムの教団幹部たちの名前も書かれている。もともと、教団は武装化を目指してロシアで「射撃ツアー」を行うなど、怪しい動きをしていたことは確かだ。そこで、警察は、その参加者たちを調べ上げていた。

捜査資料の中でも、特に詳細な報告書が作られていたのが、平田信（まこと）だ。

二〇一一年の大晦日、一六年一〇か月にわたる逃亡生活の末に出頭してきたことでも話題になった男。もともと平田は、教祖・麻原彰晃の側近としてボディーガードなどを務めていたオウムの古参信者。しかも、高校時代には射撃部に所属し、エアライフル競技でインターハイへ出場するなど、犯人像とつながる要素もあった。捜査資料には事件前後の足取りや、他のオウム信者と交わした言動などがぎっしりと書き込まれていた。平田はこの段階では、最重要容疑者のひとりだったのだ。

## A巡査長の自白

しかし、事態は思わぬことから急展開を見せる。

事件から一年七か月後の一九九六年一〇月、ひとりの現役警察官が「自分が國松長官を撃った」と犯行を自供しているとの情報がメディアを駆け巡った。しかも、彼は警察官でありながら、オウム真理教の信者でもあった。その事実を隠したまま、地下鉄サリン事件の特別捜査本部にも勤務し、捜査情報を裏で教団に流していたというのだ。

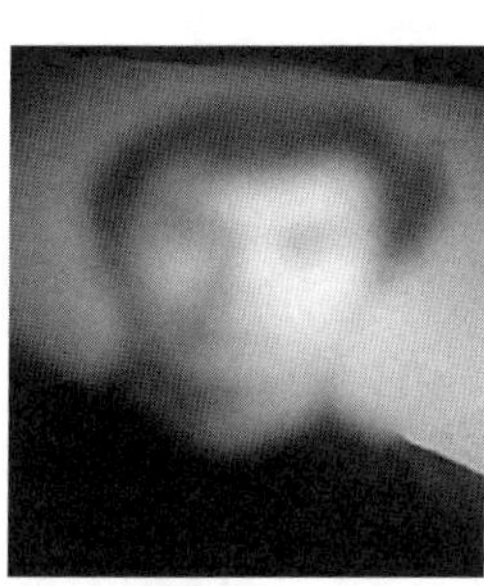

当時、犯行を自供したA巡査長

このA巡査長の自白は、実に衝撃的なものだった。

「井上（嘉浩）や早川（紀代秀）などのオウム幹部たちから暗殺を依頼されて、國松長官を撃った。

犯行に使用した銃は教団側から渡された。銃や弾丸は犯行後に神田川に投げ捨てた」

浚渫船を使って神田川川底の短銃捜索を行う捜査陣（1996年11月６日、共同）

ここまで供述が具体的であれば、事件も解決である。おそらく、わたしを含めた全メディア関係者がそう思ったに違いない。決定的証拠とも言える〝特殊な銃〟や〝特殊な弾丸〟さえ発見されれば、すべては丸く収まるはずだった。

だが、捜査はここから難航を極めた。警察が一〇〇人体制で昼夜を問わず神田川をドブさらいし、大型クレーン付きの浚渫（しゅんせつ）船まで投入して大量のヘドロと格闘したが、拳銃は見つからない。わたしも、現場を取材しに行ったが、何しろ神田川の水質が最悪で、どす黒い水と悪臭を放つヘドロが強烈な印象だった。そんな中で、警視庁機動隊スキューバ部隊の苦労ぶりは凄まじかった。一日中、ドブ川に潜りながらの作業だ。水面に顔を出している隊員の横を、巨大なドブネズミの死骸が流れていくような環境だった。

季節が変わり、冬が近づいても寒空の下で作業を続けていた。

結局、五四日間にわたる大捜索もむなしく、拳銃は発見されなかった。

当時の取材メモには、捜査員たちのため息にも似た言葉がいくつも書かれていた。

「毎日ヘドロの夢を見ている。こんなに現場が真剣に取り組んでいるのに、週刊誌はパフォーマンスだの何だの書きやがって頭にくる。張り倒してやりたい気分だよ」

また、ある警察幹部は、

「現場の捜査員の心証では、あの巡査長は〝シロ〟ですよ。神田川の川さらいだって、やっている方もやらせている方も『ピストルなんて絶対出てこない』とまで言っちゃってる」

## 迷走する「オウム犯行説」

はたして、A巡査長は、本当に長官を撃った真犯人なのだろうか？

神田川から銃が発見されなかったことで、取調官は自白の信憑性を疑い始め、彼をしぼり上げていく。すると、今度は供述が二転三転し始めたのだ。

「もしかしたら、自分の記憶違いかもしれない」

「自分は長官を撃ってはいないが、現場にはいた」

「やっぱり、長官を撃ったのは自分だ」

Aの記憶は常におぼろげで、供述にはなんの一貫性もなかった。それが、オウムによるマインドコントロールの影響なのか、教団での薬物投与の後遺症なのかはわからないが、もはや信用することは不可能だった。

しかし、それでも警視庁公安部は、オウム犯行説にこだわり続けることになる。

二〇〇四年には、Aや元オウム幹部たちを逮捕して再度取り調べたが、元幹部たちは全員が完全否定。証拠不十分で不起訴・釈放となった。

Aを実際に取り調べた元検察幹部は言う。

「彼がわたしのところに来たときには、もう完全に〝壊れて〟いたんだよ。フレッシュな状態ではなかった。警察の取り調べでもかなり追い込まれたんだろうな。警察だって自供してきた相手をある程度信用して、追い込んで捜査するのは仕方ないところはあるけどね。でも、わたしとしては心証がとれなかったし、スパッと来るものがなかったから起訴はできなかった」

彼は特捜部経験もあり、検察でも〝切れ者〟として有名な人物だったが、いかにも奥歯に物が挟まったような口ぶりだった。

「では、なぜ元巡査長は自供したのですか」と問いただすと、しばらく宙を見つめ思案した末に答えた。

「まあ、自己顕示欲ってとこかな。自己暗示的なところもあるしね」

つまり、自分の存在を社会にアピールしたいと潜在的に思っていたAが、警察の取り調べで何度も同じ話を聞かされるうちに、まるで自分が実際に体験したかのような錯覚に陥ってしまった可能性があるというのだ。長い拘束の中で、取調官の言葉が徐々に容疑者に刷り込まれていってしまうのは、冤罪事件などでもよくある話だ。

わたしには、「犯人はオウムである」という大前提のもとに進められてきた公安部の捜査がはまり込んでしまった大きな落とし穴のように思えた。警察の誘導的な取り調べと、Aの性格が引き起こした大失態である。

ちなみに、捜査の過程で、ある科学者が〝催眠〟によってAのマインドコントロールを解き、記憶の呼び起こしを行ったとされている。その催眠の中で、Aは事件の詳細を雄弁に語ったという。重大事件の捜査においてこうした手法が取られている時点で、供述に信頼性がないことは明らかである。

「でもね、わたしはやっぱりオウムが犯人だと思うよ。結局はあの集団以外はないと思う。オウムは動機がわかりやすかったし、状況証拠は揃っているからね。大体、〝近いヤツ〟のあたりはついているよ。釣り堀にいて、魚がそこに泳いでいるのに釣れない、そんな感じだね」

元検察幹部の状況証拠という言葉に、わたしは強い違和感を覚えた。この事件の鍵を握るのは「特殊な銃」と「特殊な弾丸」という物的証拠と、「高度な射撃技術」という人的証拠のはずだ。しかし、Aやオウムをいくら叩いたところで、そうした証拠はまったく出てこないではないか。射撃技術にしても、年に一回ほど小型の銃を訓練で撃つ程度の日本の警察官が、あれだけ大型で強力な銃を使いこなして四発中三発も命中させるほどの技量があるわけがない。

國松事件は、もしかしたらオウムではないかもしれない……。わたしは、この頃からそう思うようになっていた。

## 不可解な時効会見

「オウムにこだわって立件に至らなかったわけですが、それにもかかわらずこの場で犯人をオウムと断定した理由は何ですか？」

警視庁の記者会見室に詰めかけた記者たちの怒りが炸裂していた。

二〇一〇年三月三〇日、國松警察庁長官狙撃事件は未解決のまま時効が成立することになり、警察は会見を開いた。普段、会見を行う部屋には六〇ほどの席があり、通常はその数で十分足りるのだが、このときはとても足らず後ろに立って取材する記者もいた。

警察は、犯人を検挙できなかったにもかかわらず、時効会見のタイミングで「事件はオウムによる組織的な犯行だった」と一方的に発表したのだ。わざわざ、「警察庁長官狙撃事件の捜査結果概要」と書かれた一四ページの資料まで配布して、本来極秘のはずの捜査内容を公にする始末だった。まさに、前代未聞の暴挙である。「捜査機関として推論でこんなことが許されるなら、十分な証拠がなくたって誰でも犯罪者に仕立て上げられるではないか！」それがわれわれ記者の怒りだった。

冒頭の記者の質問に対し、警視庁公安部長は虚ろな目で弱々しく応じた。

「未解決については、力が及ばなかったことに尽きる。

犯人検挙に至らなかった一方、分析した資料からオウム真理教のグループが引き起こしたことが解明できた。あえて公表した理由は二点。一点は一五年間に四八万人の捜査員を投入した。国民に説明する必要がある。二点目はオウムによるテロの惨劇を二度と繰り返さないことが何より大切。そのために判明した事実を具体的に説明し風化させないと……」

未解決なのに「解明」できたとはどういうことだろうか？　推定無罪の大原則を踏みにじってでも、「あえて公表」することなど許されるのだろうか？

警察は最後までオウム犯行説に拘泥（こうでい）していた。時効ぎりぎりのタイミングでも、Aを再び逮捕しようという動きもあったが、あまりにも証拠が揃っておらず東京地検がさすがにストップをかけていた。会見に出ている記者たちは、そうした舞台裏も知っている。

「立件できないような事件で犯行グループを特定するのは人権上、大変な問題ですよ。公表すべきではないのではないですか？」

当然、記者たちの質問も厳しいものになる。

「人権と公益性を比較衡量して、公益性が大きいと判断した。捜査機関として、国民の身体、安全を守る責務がある。法的に問題があるとは考えていない。公益性に適っている」

もはや、完全に開き直っているようだった。

オウムの犯行だと断定したことについては、時効会見の席では「法的には問題はない」と強弁したものの、その後にオウム真理教の後継団体アレフから名誉毀損で損害賠償請求訴訟を起こされ、裁判では警視庁の違法性が認められて敗訴。賠償を命じる判決が確定している。いま振り返ってみても、長官狙撃事件の時効会見は、実に不可解な空気が流れていた。犯人がどうしてもオウムであってほしいという「願望」なのか。犯人がオウムでないと困る、何か「複雑な事情」があるのか……。

いろいろな意味で謎に包まれた「國松警察庁長官狙撃事件」。オウム記者と呼ばれたわたしにとっても、この未解決事件だけは胸につかえた異物のように、ずっとひっかかり続けていた。

# 第二章　老スナイパーの告白

## 〝相棒〟からの誘い

二〇一四年一月、六本木にあるテレビ朝日本社の報道フロアでデスク作業をしていると、後ろから突然声をかけられた。

「清田さん、ご無沙汰しています」

聞き覚えのある低い声に振り返ると、そこにはディレクターの岡部統行(むねゆき)が立っていた。岡部は当時三〇代後半にして、フリーランスのディレクターとして各局のドキュメンタリー番組を手がけている〝売れっ子D〟だ。いまどきの草食系とは真逆のイカつい感じのルックスで、ぐいぐい押し込むような取材をすることで知られている。わたしは、彼が一五年ほど前にテレビ朝日の報道局でADをしていた頃から知っており、ディレクターとなってからはオウム真理教の特別番組をはじめ尼崎連続殺人事件や八王子カリスマホスト殺人事件などの凶悪事件の特集でもタッグを組んできていた。一言で言えば、信頼できる〝相棒〟だった。

「実は、面白い企画があるんですよ。清田さん、前に國松事件を取材していましたよね？もう一度追いかけてみませんか」

「國松事件を？」

「あの事件、警察トップが狙われながら、未解決に終わっているじゃないですか。警察はオウムの犯行だと断定していましたが、本当にそう思いますか？」

いや、あれは――と言いかけて、口ごもってしまった。この時点ではわたしもオウム犯行説を半信半疑ながら信じていたのだ。

「正直わからないな……あの事件だけは」

すると、岡部が企画書を手渡してきた。

「これ読んでもらえませんか。國松事件の裏でもみ消された、もう一人の容疑者がいたのを覚えていますか？　中村泰（ひろし）というテロリストです。僕は中村こそが真犯人だと思っています」

そう言うと、岡部は足早に立ち去っていった。

**謎の日本人テロリスト〝中村泰〟**

中村泰。確かに、その名前には聞き覚えがあった。

オウムとはまったく関係のないところから、長官狙撃事件の捜査線上に現れた容疑者で、時効の数年前になって本人が犯行を自供したために警察が秘密裏に調べていたはずだ。当時、われわれメディアもその存在に注目し、何度か番組で報道していた。しかし、例の時効会見の際に、記者から中村に関する質問も出たが、「供述内容、目撃証言と一致しない内容が多数あることから、犯人ではないと判断した」ということで簡単に〝シロ〟と片付けられていた。正直、わたし自身もそこまで取材をしたわけではなかったので、詳しい素性は知らない。

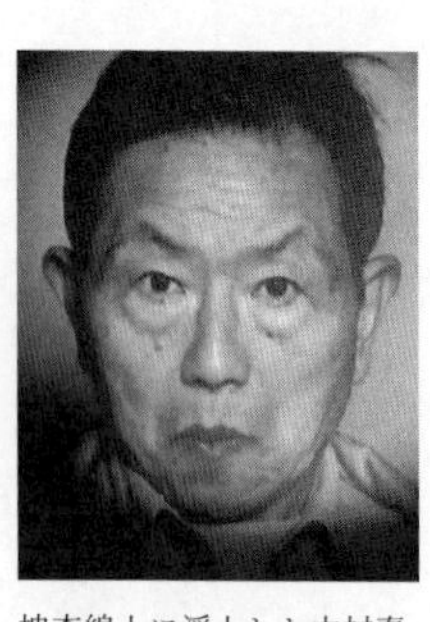

捜査線上に浮上した中村泰

岡部が残していった企画書をペラペラとめくり、中村の写真付きのプロフィールのページに目を落とす。ギョロっとした目でこちらを睨みつける初老の男。顔つきからしてただ者ではない雰囲気が漂っている。

経歴の欄にはこう書かれていた。

〈中村泰（なかむらひろし）

1930年4月24日　東京市淀橋区（現在の新宿区）生まれ
　旧満州の大連で幼少期を過ごす
1949年　旧制水戸高等学校を卒業
1951年　東京大学教養学部理科二類を中退
　窃盗事件を繰り返す

1956年　東京三鷹で警察官を拳銃で射殺
　無期懲役刑で千葉刑務所に19年服役
1976年　仮出獄
2001年　大阪で銀行を襲撃。警備員に銃を発砲し傷害を負わせる
2002年　名古屋で銀行を襲撃。警備員に銃を発砲し傷害を負わせる
　現行犯で逮捕
2004年　大量の銃器を隠し持っていたとして銃刀法違反で再逮捕
　現在、無期懲役刑で岐阜刑務所に服役中〉

簡単なプロフィールを見ただけでも、中村が異様な人物であることがわかる。東京大学に入る頭脳を持ちながら、若い頃から拳銃を使った凶悪犯罪を繰り返しているのだ。

　最後に逮捕された際には、貸金庫などから銃器が一八丁、実弾が一〇〇〇発以上、手榴弾、致死量一〇〇〇人分を超える青酸カリ、ダイナマイトの起爆導火線などが出てきたという。

旧制水戸高校時代の中村

　さらに企画書をめくると、裁判資料から抜粋したと思われる、中村が東大中退後に起こした「警官殺し」について

書かれていた。

中村が東大に入学したのは、一九四九年。太平洋戦争の終戦からわずか四年後のことだ。大学では後に燃え上がる学生運動の萌芽が見え始めていた。アメリカによる占領政策への反発、さらに世界的な共産主義思想の流行や、それに対抗する民族派の勃興などが入り乱れてイデオロギーを戦わせていた。

そんな大混迷の国際情勢と、自らが置かれた社会状況を目の当たりにした中村は、過激な「革命思想」に目覚めたという。武器を手に取り、国家や権力と対決して、本気で世界を変えようと決意したのだ。

当初は、南米に渡り新天地に活路を見出そうと考え、その渡航費用を捻出するために窃盗を繰り返していたという。やがて、日本国内におけるテロ活動を模索するようになると、韓国人の武器バイヤーから拳銃や実弾を調達して、活動資金を獲得するために金融機関などを襲い始めた。

その矢先、最初の殺人事件に手を染める。

一九五六年（昭和三一年）一一月二三日。東京三鷹にある金融機関に押し入ろうとして、中村が銃を持って車で待機していたところ、三鷹警察署の巡査が職務質問をかけてきた。

このとき、中村の脳裏には、砂川闘争で警官の暴力によって傷つけられた人々の血みどろの姿と、それを見たときに感じた憤怒の念が交錯したのだという。ちょうどこの一か月前に、東京立川の砂川基地において、米軍基地拡張のための強制測量を巡って警官隊と支援労組員が激突。約一〇〇〇人が負傷する砂川事件が起きていた。

中村は巡査を睨みつけながら怒鳴った。「砂川でのように権力の思い通りにはさせるものか。あくまで干渉するならやってみろ」。中村の醸し出す雰囲気に、異常を感じたのだろう。巡査は、帯革の拳銃に手をかけたという。すると、中村は反射的に目にもとまらぬ早わざで腰の銃を抜き、連射したのである。二発が巡査の胸部に命中。仰向けに転倒した相手に対し、さらにとどめの一発を頭部に発射した。

犯行直後、現場から逃走した中村だが、車両の捜査からほどなく名前が浮上。事件からおよそ一〇〇日後に出頭した。裁判の結果、無期懲役刑が確定。千葉刑務所へ一九年間服役することになる。

武器を手に、国家や権力と本気で対決しようとした日本人テロリスト。それも、過去に銃を使って警察官を射殺している男……。

岡部の書いた企画書を読み進めるうちに、わたしの記者魂にメラメラと火がつき始めたのが、自分でもわかった。

もしかして、こいつが國松事件の真犯人なのか？　だとしたら、いったい動機はなんなのか？　なにか決定的な証拠はあるのか？　時効前に犯行を自供したというのに、なぜ警察は逮捕しなかったのか？　知りたいことだらけだ。

胸につかえたままの謎の未解決事件。その真相をようやく突き止められるのだとしたら、面白いじゃないか。気がつけば、携帯を手に取り、すぐさま相棒に返事をしていた。

「國松事件、やろうよ」

## 岐阜刑務所の〝住人〟

岐阜刑務所は岐阜市内の郊外にある。

美川憲一のヒット曲『柳ヶ瀬ブルース』でも有名になった岐阜の市街地・柳ヶ瀬を過ぎると、山あいへと入っていく。その山と山の間に挟まれた盆地状になった場所に、四方を灰色の高い塀で囲まれた要塞のような建物が見えてくる。

「天気が悪いせいかもしれませんが、なにか重々しいところですね」

車の中で隣りに座っていた相棒の岡部がボソッとつぶやく。

「ここはＬＢだからな、刑務所の中でも別格なんだよ」

法務省が管轄する矯正の世界で、岐阜刑務所は「ＬＢ級」と呼ばれている施設である。

LB級受刑者が収容される岐阜刑務所

Ｌは Long のＬ、Ｂは再犯で犯罪傾向が進んでいるという意味である（Ａは初犯、犯罪傾向が進んでいないという分類だ。つまりこの刑務所に送り込まれてくる受刑者は、懲役一〇年以上の長期刑で、犯罪を繰り返し起こしている者、ということになる）。

わたしは事件取材とともに、刑務所取材もライフワークとして長年続けている。岐阜刑務所にも過去に取材で訪れたことがある。やはり、ＬＢ級の施設とあって、中の「空気」は他とはまるで違う。この業界でいうところの〝相当なタマ〟が集まっているのだ。暴力団関係者も多いし、殺人、強盗殺人、強姦殺人など、刑期が長い重罪を犯した受刑者は数知れない。おのずと澱んだ空気というか、重々しい陰鬱さが漂っていて、大袈裟ではなく中で取材をしているとこちらの気分まで滅入ってくる。

秋に行われる運動会をかつて取材したことがある

が、対立する組関係者同士がグラウンドの仮設トイレで鉢合わせになりトラブルにならないよう、動線、トイレも別にするなどして厳重に警戒しているという話を聞き、刑務所がそこまでするほどの人間たちが集まっているのだと驚嘆したものだ。

中村も、そんな岐阜刑務所の〝住人〟だった。

先の経歴にあるように名古屋と大阪で起こした強盗殺人未遂事件で無期懲役が確定し、すでに一〇年ほどここで暮らしていることになる。最初の取材の時点で八四歳とかなり高齢だった。

わたしと岡部は、東京から新幹線で名古屋に向かい、そこから車でここまでやってきていた。受刑者と面会できるかどうかは、それぞれの刑務所の判断で可否が決められる。中村のような、死刑に次ぐ重い刑が科せられている人物とは、そう簡単に会えるものではない。直接会うことは不可能との情報も事前に得ていた。そこで、裁判時の弁護士であり、現在も中村の代理人を務めている方に協力を依頼し、われわれの代わりに面会をしてもらう手筈にしていた（弁護士などの代理人であれば面会が可能である）。

刑務所前で待ち合わせていた代理人と挨拶を交わすと、さっそく取材の旨を説明した。

「わたしたちは、國松長官狙撃事件の真犯人が中村さんなのかどうかを、直接ご本人の口から聞きたいのです。そして、お認めになるのだとしたら、今後手紙を通じて取材をさせてほしいのです」

「わかりました。では、ご本人に確認してきましょう」

代理人は、そう言うと鉄のゲートをくぐり、塀の向こう側へと入っていった。果たして中村はいまも犯行を認めているのだろうか。われわれの取材を受けてくれるのだろうか。わたしと岡部は不安を抱きながら、面会が終わるのを外で待つことにした。


霧のような小雨が降る中を、じっとりと濡れながら待つことおよそ一時間。代理人が再び鉄のゲートから外へ戻ってきた。

「どうでしたか？　中村さんとは話せましたか」

「話せました。皆さんからのお願いも伝えました」

隣で聞いていた相棒が、我慢できずに割って入ってくる。

「長官狙撃事件については、なんて仰ってるんですか？」

「『原則、間違いありません。今までの供述通りです』と、はっきり言われていました」

中村は、いまも犯行を認めているのだ。岡部からだいたいの話を聞いていたとはいえ、やはり衝撃だ。

「お二人の取材に関しても受けられるそうです。『犯行については、手紙で詳しくお伝えしましょう』とのことでした」
「わかりました。ありがとうございます。では、手紙での取材を始めさせていただきます」
頭を下げてお辞儀しながら、相棒と目を合わす。お互いに興奮しているのがわかる。未解決事件の真犯人を名乗る男が、事件の全貌を語ってくれるというのだ。スクープが生きがいの記者やディレクターにとって、これほど嬉しいことはない。

**「狙撃は特殊作戦だった」**

わたしたちは東京のテレビ朝日に戻るなり、さっそく中村に向けて手紙を書くことにした。質問したいことは山のようにあったが、まずは、次の三つのポイントに絞ることにした。

・あなたは、國松事件の真犯人なのか?
・なぜ、長官を殺そうとしたのか?
・時効前に、警察に犯行を自供したというのは本当なのか?

二人で文章を何度も推敲した上で、手書きで手紙をしたためて、テレビ朝日のロゴが書かれた白い縦長の封筒に入れて投函した。

岡部が呟く。

「いったい、どんなことを答えてくるんですかね？」

「想像もつかないな。こういう大事件が起きると、必ず『オレが真犯人だ』と嘘をつく連中もたくさんいるからな」

「そうじゃないといいですね……」

われわれは期待と不安がないまぜになった気持ちで、返事を待つことにした。

ところで、刑務所では罪の重さや受刑者の級、服役態度などによって発信できる手紙の頻度や枚数が制限されている。後で知ったことだが、中村の場合は月に五通、一回に便箋七枚までと決まっているらしい。さらに、手紙の内容についても刑務所に毎回検閲されるため、返事がくるまでに一か月前後の時間がかかることもある。実にもどかしい話だが、面会に制限がかけられている以上、ペースが遅くとも文通による取材に頼るしか方法がないのだ。


手紙を出してから三週間ほどが過ぎた頃、中村からの返信がテレビ朝日に届けられた。まず、封筒の表に書かれた文字の美しさにはっとさせられる。実に達筆なのである。いかにも昭和一桁代生まれの人間らしい古い字体だが、まるで女性が書いたような流麗さがあ

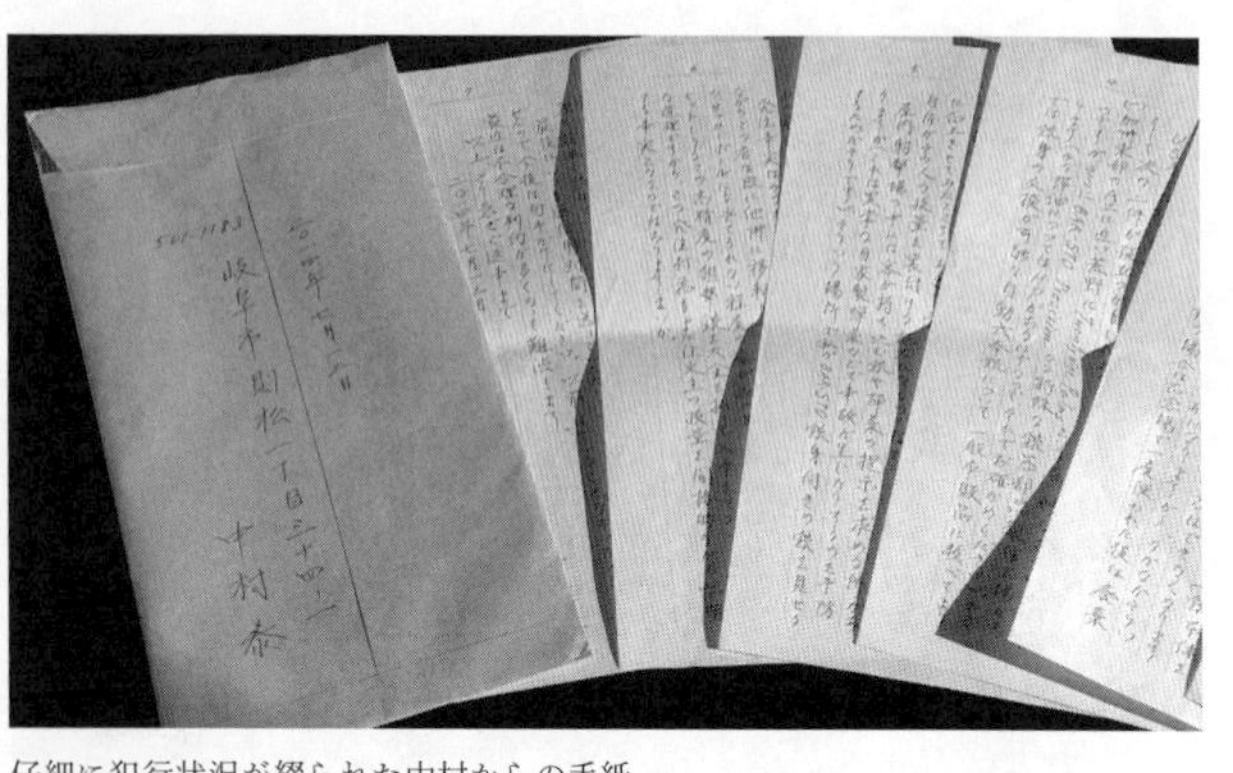

仔細に犯行状況が綴られた中村からの手紙

る。さっそく中を開けてみると、制限いっぱいの便箋用紙七枚にびっしりと、細く小さく几帳面な文字が埋め尽くされていた。中村の強い気持ちが、そこに込められているような気がして、思わず圧倒されてしまった。しかし、本当に凄かったのは、そこに綴られていた内容の方だった。

ここから、國松長官狙撃事件の〝真犯人〟を名乗る男の告白を読んで頂ければと思う。中村との手紙や、ほぼ同時に送られてきた獄中で書いたという手記をもとに、できるだけ原文に忠実なまま、一人称でつなげたものだ。

〈私が長官狙撃の実行者であることは絶対の真実であると断言します。

長銃身拳銃によるVIP暗殺は、特殊作戦の一環だったのです。コードネームを「ハヤシ（H）」という信頼できる同志が全面的に協力してくれました。

長官狙撃は二人の共同作戦といえないでもありません。自分が狙撃の実行、同志が支援役を務めました〉

まるでスパイ小説のような滑り出しに、わたしも最初に読んだときには、思わずのけぞってしまった。長官暗殺は、「特殊作戦」の一環として行われたというのだ。いったい、どんな組織が、なんのために行った作戦なのだろうか？

その答えは、続く文章の中に書かれていた。

## 謎の武装組織「特別義勇隊」

〈私は、日本国内において一個分隊程度の精鋭小集団として、秘密の武装組織「特別義勇隊」を結成していました。

特異な重大事件やなんらかの非常事態が発生したとき、軍や警察は政治的配慮、法的制約、組織面の不備などの障害によって即応できない場合がありうるので、そうした制約を潜り抜けて迅速果敢に行動し、事態を打開する先駆けとなる小回りのきく小武装部隊にはそれなりの存在意義があるというのが基本的な理念であった。その行動は、利益や名声を求めるためではなく、義憤と使命感に基づくものだった。このような隠密作戦行動に備えて、各種の特殊な武器・用具類を用意していたのである〉

「特別義勇隊」という名前を、わたしは知らなかった。岡部もかなり調べてくれたようだが、そういった秘密組織の存在は知られていなかった。誰にも気づかれることなく、活動を行っていたのであろうか？

中村の手紙には、その活動の歴史も書かれていた。

〈かなり以前から、北朝鮮工作員による邦人強制拉致事件に、重大な関心を抱いていた。日本政府は、腰がひけた対応に終始して、一向に事態の改善は見られなかった。明らかに自国の人間が誘拐の被害者になっているにもかかわらず、その救出の試みもすることなく、見殺しにしているとしか言いようのない態度であった。まさに、これこそわれわれの出番ではないかというように感じられた〉

〈具体的な作戦行動として立案したのが、朝鮮総連の幹部の身柄を略取し、金日成首領に対して邦人被誘拐者との身柄交換を提議するという計画であった〉

〈また、アメリカに北朝鮮攻撃の口実を与えるために、あたかも北朝鮮武装工作員による破壊活動と思わせるような横田基地へのゲリラ攻撃や、在日米軍司令官に対する狙撃が効果的であると考え、その具体策を練り始めた〉

なんと、北朝鮮に拉致された日本人被害者を奪還するために、朝鮮総連の幹部を誘拐する計画や、北朝鮮工作員を装って在日米軍にテロを仕掛ける計画を立てていたというのだ。

実際には、行動に移さぬまま終わったらしいが、信じられないような話である。これらの真偽も気になるところだが、われわれの知りたいのは國松事件の真相だ。ここから、事件を起こすに至るまでの詳細が書かれていた。

## 歪んだ動機

〈そうした動きの中で、1994年6月、長野県松本市内でサリンによる大量殺傷事件が発生した。

翌95年1月になると、読売新聞に「山梨県上九一色村のオウム施設付近からサリンの成分が検出された」という記事が掲載されたので、私は情報収集に努めた結果、オウム教団は化学兵器工場（第7サティアン）を建設して、トン単位になる大量のサリンを製造し貯蔵している可能性があると判断するようになった。

その一方では警察の中枢部がこうした非常事態にどのように備えているかが気になって、特に警察庁警備局を対象とする潜入諜報活動を始めた。しかし、当局は単に通常業務を続けているに過ぎないといった感触で一向に危機感らしいものは窺えず、なんの妨害も受けずに内部の情報収集ができるという全くぬるま湯的な状態であった。

ここに至って、私は、おそらくは日本に敵意を抱く北朝鮮に使嗾(しそう)されているであろうオウム一派の野望を阻止するには、有志、すなわちわれわれによる実力行使に訴えるほかないと決意した。具体的には、上九一色村のオウム施設を深夜に襲撃し、化学兵器工場である第7サティアンを爆破して大混乱を引き起こすことにより、否応なく警察あるいは自衛隊が介入せざるをえない状態を作り出すことである〉

〈しかし、準備をしているうちに、3月20日に至って地下鉄サリン事件が突発したのである〉

〈ここに至って、われわれの警察への憤懣が頂点に達したといえる。

松本サリン事件という前代未聞の化学兵器テロが発生したにもかかわらず、なんら実効ある対策を講じなかったため、遂に地下鉄サリン事件という大惨事の発生を阻止できなかった警察の失態に対して、その責任を糾弾する。

つまるところ、警察幹部にとって、事件が北朝鮮による拉致事犯と同様に、他人事で自己の利害に直結しないからである。それを督励して心底から奮起させるためには、オウム真理教を迅速かつ徹底的に制圧しなければ、自分自身の生命が危うくなると実感させなければならない。つまり、生か死かの土壇場にまで追い込むことである。

それには、オウム信者を装って警察の最高指揮官である警察庁長官を殺害するのが最も効果的である。そうすれば、長官の後継者を含め警察首脳は死に物狂いでオウム制圧に全力を傾注し、その結果、教団のさらなるテロ行為に怯えている市民の不安は解消される、というのがわれわれの達した結論であった〉

　なんという歪んだ「動機」だろうか。中村は、オウムのテロを止められなかった警察の責任を追及し、警察がオウム捜査に本気になるよう仕向けるために、オウム信者の犯行を装って國松長官を殺そうと思い立ったというのだ。

「こんな動機、あり得るんですかね？」

　相棒は、手紙を読みながら啞然とした顔をしている。

「どうだろう……、われわれ一般人にはわからない義憤のようなものなのかもな。いずれにしろ、わかりにくい動機であることは確かだな」

　手紙の最後には、自白した理由についても書かれていた。

〈われわれの目論見では、当初は警察はオウムの所為と判断してその制圧と追及に捜査の努力を集中するであろうが、やがて時日が経過するに従って長官事件については何の裏付けも得られないことから、オウム犯行説には疑問を抱くようになるであろう。そういう傾向が目立ってきた頃合いを見はからって、事件の真相を公にすることを計画していたのである〉

〈私自身のいわば大義のために奮起して敢行した警察庁長官狙撃がその後、公安部を中核とする一派の姑息な策動によって、その真相が隠蔽されてしまったことに激しい憤りを抱いていますから、その実態を究明することを目指していると思われる今回の企画にはできる限りの協力をするつもりでいます〉

「公安部の姑息な策動によって真相が隠蔽されたって、どういうことなんだろうな」

わたしが呟くと、相棒は首を横に振りながら答えた。

「よくわかりませんね。なにが真実なのか。本当に中村が真犯人なのか？　そうだとすれば、自白までした中村を、なんで逮捕しなかったのか？　この事件は謎だらけですよ」

謎に包まれた國松事件を解明するには、ひとつひとつシラミ潰しに調べていくしかない。

「とりあえず、事件のことをもう一度手紙で聞いてみようよ。中村が犯人だという証拠を教えてほしいしね」

気が早い相棒は、すでに会社のロゴが入った便箋を取り出していた。

## 秘密の暴露①　長官公用車の変更

われわれは、中村が真犯人であるという確証を得るために、今度は事件当日の具体的な行動について聞いてみることにした。実際に犯行現場にいた者にしか、書けないことがあるはずだ。手紙を出すと、再び七枚の便箋用紙にギッシリと文字が並んだ返信が戻ってきた。物凄い情報量が書き込まれているが、あえてそのまま掲載させていただく。

〈作戦実行のためにはまず長官の住居を把握しなければならないわけですが、それは全くの偶然によるものでした。オウムのサリン事件が取沙汰されるようになってから、私は治安当局の対オウム捜査の実状を探るために警察庁内に潜入捜索を試みましたが、その際警備局長室に侵入して文書漁りを試みたのでしたが、それらしいものは見付けられず、止むなく室内にあった警察幹部の住所録を写し取ってお茶を濁すような形で引き上げる結果に終わりました。

　私はそれを一とおり調べてみましたが、そこで一つ異様に感じたことがありました。それは長官の住所が「南千住……」と記されていたことです。私の先入観ではそれはドヤ街などもある場末の下町という印象でした。そんな所に警察庁長官ともあろう人が住んでいるというのは何とも納得しかねるものがありました。そこで念のためにゼンリンの住宅地図で該当番地を調べてみますと、確かに「國松」なる姓が載っていました。これで確信を得ました。

　こうして長官宅を知悉していたからこそ狙撃作戦という発想が生じたと見るほうが適切かもしれません〉

　われわれはまるで予想をしていなかったが、中村は事件前の行動から書いてきた。國松長官を暗殺のターゲットにしたきっかけとして、警察庁の中に潜入して諜報活動をしていたところ、たまたま長官の住所を見つけたというのだ。もし、これが真実だとすれば、なんという運命だろうか。

〈平成7年3月上旬に現場のマンション群『アクロシティ』に初めて赴き、以降、何度か下見を重ねました。

3月23日には、長官の出勤状況を偵察していた私の動きを秘書官の田盛警視が怪しんでいる気配を感じたのでいったんその場を離れました。これについては、田盛警視自身が後に述べています。

その日は、アクロシティから貸金庫に向かい、コルト社製パイソンとナイクラッド弾を取り出して、当時のアジトである小平市のアパートに持ち帰りました。

3月28日には、長官狙撃は実行されるはずでしたが、思いもかけぬことが起きました。狙撃地点付近で待機していると、國松長官の住むマンションEポートのエントランスにコート姿の二人の男が現われ、階上から降りてきた國松長官と合流。また一緒にマンション内に引っ込んでしまったのです。

しかも、この日、長官を迎えに来た公用車が、それまでと同じ黒の日産プレジデントではあったものの、ナンバーがそれまでとは違うものとなっており、長官公用車が変更されたことに気づきました。

この二つの事情から、私は異変を感じ、長官を守る警備態勢に重大な変化があったのではないかと危惧し、急遽、この日の決行を中止しました。

帰途に貸金庫に立ち寄り、ふたたび、貸金庫に拳銃と実弾を格納。その足で、JR神田駅界隈にあった同志の事務所に出かけ、二人で今後の戦術を協議。國松長官の警備態勢が大幅に増強された場合、警備陣と銃撃戦になる可能性もありうると想定し、短機関銃の『KG－9』も携行した方が良いとの結論に至りました。それから同志の運転する車で再び西新宿に向かい、自分だけが貸金庫に入って、一度しまったパイソンとナイクラッド弾にくわえて、あらたにKG－9も取り出しました。それを同志に預けて、3月30日の決行日まで事務所に保管してもらいました〉

ここで重要なのは、彼が手紙の中で「秘密の暴露」をしてきたことだった。「秘密の暴露」とは、真犯人でしか知りえない情報を自白することである。例えば、警察が凶器を発見する前に、その隠し場所を明かすことなどがそれだ。捜査機関からすれば、容疑者から秘密の暴露をいくつ引き出せるかによって、有罪に持ち込めるかどうかが決まる。捜査における最重要ポイントである。

事件前の二三日に秘書官に姿を目撃されたことや、二八日に長官の公用車が変更されたことが事実だとすれば、それは決定的な証言である。「その場にいた者でしか知り得ない話」だからだ。

## 秘密の暴露② 韓国硬貨と北朝鮮バッジ

さらに、ここから事件当日の描写が始まる。

〈あらためて二日後の3月30日を新しい決行日とし、現場に赴きました。事件は同志と二人で行い、自分が狙撃の実行、同志が支援役を務めました。

小平にあったアジトを朝6時頃に出発したわたしは、国分寺駅行きのバスに乗車しました。国分寺駅に着くと公衆電話で同志に西日暮里駅への到着予定時刻を通知。中央線東京行き特別快速電車に乗ると、新宿で山手線外回り電車に乗り換え、午前8時前には西日暮里駅に着き、西口へ降りました。

そして、駅の北側にある路地で待ち合わせしていた同志の運転する軽自動車に乗り込み、道灌山通り・明治通り・千住間道を経由して都立荒川工業高校西側の道路で狙撃を担当するわたしは下車し、車は千住間道へ戻っていきました。午前8時10分前後です〉

〈狙撃場所につくと、狙撃の直前、用意していた韓国の10ウォン硬貨と北朝鮮の人民軍記章（バッジ）を現場に置いておきました。新聞やテレビではこれまでずっと、この二つが

『狙撃現場の植え込みのあたりに置かれていた』とばかり報道されてきましたが、それは誤りであり、実際には、バッジは、植え込み横の狙撃地点の足元に置きましたが、ウォン硬貨は、左手側に、数メートル離れたFポートのエントランスの中央の方向に放り投げたのであり、硬貨はそのエントランスの方で発見されたはずです〉

この韓国のウォン硬貨と、北朝鮮のバッジの話についても、置かれていた位置などの裏付けが取れれば重大な証拠になるだろう。

それにしても、中村の記憶力は凄まじいものがある。二〇年前のことをよくここまで正確に描写できるものだ。本人にとってみても、あの事件のことは一生忘れることのできない記憶なのだろうか。

**秘密の暴露③　逃走経路と自転車**

〈この日の國松長官への警備態勢は、マンションFポート北側に停めた覆面パトカー内で警戒、待機している二人の警備要員（私服警官）の他に、國松長官が住むEポート北東角側の路上にも、立ち番の形で、警戒要員（私服警官）が一人いました。この南千住浄水場北西隅にあたる周辺での警備については、それまでの事前の偵察でも目にしたことはありましたが、常時そうであったか否かは分かりません。いずれにせよ、これは狙撃決行には特に障害にはならないと判断しました。

　しかし、この日に限って、長官は日常の習慣に反して玄関口を避けて通用口から外へ出てきました。このことは長官自身が「文藝春秋」誌上で述べていますが、なぜそのようにしたのかは自分でもよくわからないとしています。あるいは「虫が知らせた」ということかもしれません。出迎えた秘書官にとっても、この長官の行動は予想外であったとみえて、あわてて通用口付近へ駆け付けたようです。

　私は、これが九死に一生どころか、九十九死に一生ほどに全く奇跡的に長官が生き延びえた要因の一つであったと考えます。本来の想定射撃方法に狂いが生じえたことに加えて、射手から二十数メートル離れて向こう向きに倒れている身体に対しては、弾道が並行的になるので、止めを刺すための致命部位を狙う照準がしにくいのです。そのために生じた僅かな齟齬が秘書官による掩護措置を許すことになったと思われます〉

　このことは、わたしも当時に取材していたのでよく覚えていた。國松長官は、なぜかこの日だけ普段使わない出口から出てきたのだ。中村がそれを指摘できるのは、何日も前から周到に下見を続けてきたからかもしれない。

〈狙撃については、まず、長官は背後からの初弾を受けて前のめりに突っ伏しました。そして、地面に接する直前かあるいはその直後に第二弾が左腰部か左下腹部に命中。その後間髪を入れずという素早さで秘書官の田盛警視が倒れている長官の上に覆いかぶさって人間の盾となりました。このときには私は既に引き金を絞りかけていたので、とっさに銃口を逸らせ唯一暴露されていた長官の右脚に向けたのでした。この第三弾は右大腿部の付け根に食い込んでいます。

その直後に、秘書官は長官の身体を横抱きにして完全に防護する体勢に移り、そのまま傍らの植込みのコンクリート基盤の蔭に引き込みました。このような同伴者の行動は全く予想していなかったものであり、これがさらなる被弾を防いで長官の生命が救われる結果につながったことはいうまでもありません。また、私の側からしても、この秘書官の強い責任感、適切な判断力、迅速果敢な行動力に対しては称賛の辞を惜しむものではありません。

四発目は警護員に対する威嚇射撃でした。初弾から最後の威嚇射撃の四発目まで数秒のことでした〉

狙撃シーンの描写を読むと、中村が狙撃をしながらも恐ろしいほどに冷静だったことがわかる。冷徹という言葉の方が正しいかもしれない。ほんの数秒の時間の中で、ターゲットをきっちりと仕留めるための判断をいくつも下している。

さらに、長官を守ろうとして身を挺した秘書官について賞賛するあたりなど、中村にはテロリストとしての独特の感覚があるようである。

手紙には、逃走後の行動も書かれている。

〈狙撃後はアクロシティの敷地内を逃走し、マンションDポート沿いのスロープから敷地外に出たところで、左側（南側）にホームレス風の中年男が立っているのに出くわし、顔を合わせました。向こうは突然、自転車が飛び出してきたので、驚いたようでした。午前8時30分前後です。

その後は、共犯者が軽自動車で待機するＮＴＴ荒川支店の駐車場に向かいました。その場所と千住間道をはさんで筋向かいにある喫茶店らしい店舗の東側側面に自転車を無施錠に立てかけて、置き捨て、共犯者の運転する軽自動車に乗り込みました〉

逃走経路や、逃走に使った自転車の置き場についても、やはり秘密の暴露になるだろう。

**秘密の暴露④　銃を預けた貸金庫**

〈再び、千住間道・明治通り・道灌山通りを経由して西日暮里駅西口に着いたのが午前9時前後。銃器弾薬類を収めたスポーツバッグを持って下車しました。駅では、山手線均一回数券を用いて入構し、山手線内回り電車に乗車。そして、新宿駅で降りると、西口改札を出て、安田生命ビルの地下入り口から入って貸金庫室へ赴き、貸金庫内の保管箱６０８

0号に銃器弾薬類を格納して退去。出たのは9時26分。再び最寄りの改札口から入って中央線下り電車に乗車しました。午前10時台には、JR武蔵小金井駅北口から出て駅前の公衆電話で同志に連絡（ただし帰宅後の可能性もある）。そこからは西武バスに乗車して、回田町バス停で下車してアジトに帰着しました。午前11時前頃です〉

犯行に使った銃は、事件前も事件後も、新宿にあった貸金庫に隠して保管していたという。

よほど周到に準備した計画だったのだろう。中村たちは前代未聞の警察庁長官狙撃という大事件をたった二人で行ったというのだ。しかも、完全犯罪だ。

## 秘密の暴露⑤　銃の投棄

〈狙撃事件の発生後まもなく、まるで待ち構えていたかのように、報道機関等に宛てて事件に言及した電話がありましたが、その内容はオウム教団に対する捜査を止めないと、警察幹部等が再び被害を蒙るという脅迫じみたものでした。少し考えれば、このような言辞は狙撃がオウムの犯行であることを示唆し、警察を挑発してオウムに対する「戦意」を煽る結果になるのは明らかです。この電話の主は教団に所属する○○だといわれていますが、では、なぜ同人あるいはその使嗾者が、こうした教団の不利になるような行動をしたのかは未だに謎です。

　われわれには、本来の目的を達成するために、長官狙撃がオウムによるものであると、警察当局にも一般社会にも信じこませる必要がありました。したがって、事件後の状況の推移によっては、オウム犯行を示唆する内容の電話あるいは文書による補強工作を実行することも考えていました。ところが、事件後きわめて適切なタイミングで他の何者かがそうした補強工作を代行してくれたので、われわれがあえて手を出す必要はなくなったのです〉

　あのテレビ朝日への脅迫電話だけは、中村にとっても想定外だったようだ。しかし、結果的には自分たちの計画を後押しするものだったため、そのまま利用することにしたらしい。

〈4月、凶器を処分するため、本件決行に使ったコルト社製パイソンとナイクラッド弾の残弾を貸金庫から取り出し、JR浜松町駅のコインロッカーに保管しました。この間、竹芝から出航している東海汽船などの貨客線について、当局や運行会社による乗船客の荷物検査などセキュリティ・チェックがどれほど厳密に行われているかを調査しました。そして、コインロッカーの使用期限が切れる二日前、ロッカーから拳銃などの荷物を取り出し、竹芝の客船ターミナルから伊豆大島行きの東海汽船の貨客線に乗船。大島へ向かう船上から海中に向かって、拳銃と弾薬を投棄し、証拠隠滅を図ったのです〉

　なんということだろうか。中村は事件の決定的証拠である、あの特殊な拳銃と弾丸を海に捨てたというのだ。犯罪者側からすれば証拠を隠滅することは当たり前なのだが、これから追跡取材をしようとする記者にとってこれは大きな痛手だった。ここまで手紙を読んできて、銃の在り処を教えてくれるのではと甘い期待をしていただけに、正直ショックだった。

〈5月16日、自分にとって懸案事項であった、オウム真理教の教祖・麻原彰晃の逮捕が、警視庁によってようやく実行されたのを見届け、これで自分の狙い通り、教団は壊滅するものと確信。その翌日、貸金庫に赴いて、保管していた偽名パスポートを取り出しました。数日後、仕事をやり遂げたという思いを抱いて、久方ぶりに空路、アメリカへと向かったのです〉

中村の「秘密の暴露」は、われわれが想像していた以上だった。

さらに、事件現場にいたとしか思えない迫真の描写や、仔細に至るまでの圧倒的な記憶力には、読んでいて引き込まれるものがあった。

しかも、それだけではない。中村は、文章の他にも「アジトの写真」「当日の逃走経路を示した地図」「銃器弾薬を保管していた貸金庫の開閉記録」「事件当時に書いた詩」などもわれわれに郵送してきていたのだ。

「清田さん、これは、正真正銘の真犯人ですよ！」

相棒は、手紙を読むなり顔を真っ赤にして興奮している。

わたしは、高ぶる気持ちをグッと抑えて冷静に考えていた。

「中村が書いてきたことは、警察も当然把握していて、徹底した裏取りをしたはずだ。にもかかわらず、逮捕されていないのは、絶対にワケがある。裏取りをしてみないと信用できないよ」

正直に言えば、わたしはこの時点でもまだ中村のことをかなり疑っていた。

「確かに裏取りは必要です。ただ、逆に言えば、これだけ細かい情報を寄越してきたのだから、嘘を話しているならすぐに判明するでしょうね」

それは相棒の言う通りだった。われわれは、中村の秘密の暴露が本物なのかどうか、裏付け取材を進めていくことにした。まずは、当時中村を捜査していた警視庁の捜査員を探し出し、話を聞いてみることにした。しかし、そこに思わぬ展開が待ち受けていたのだが……。


「二〇〇%真犯人」


「君が岡部さんか？　いきなり自宅に押しかけてくるなんて無礼な奴だな！」

会うなり、その捜査員はテーブルに置かれたお茶を取り上げ、岡部の顔に向けてぶちまけた。身動きせずに正座している相棒の顔から、お茶が滴り落ちていく……。

取材は、お茶をぶっかけられることから始まった。

元捜査員の名は、佐久間正法氏。かつて警視庁刑事部で捜査一課長を務めていた、警察幹部OBだ。國松事件では、中村を最重要容疑者と睨み、その捜査を指揮した人物でもある。六〇代半ば、背は高くないが、無駄な贅肉のないしまった躰と、するどい目つきで、いかにも警察幹部という迫力がある。

相棒は、警察を退官していた佐久間氏の自宅を訪ね、本人が不在だったため、「取材をさせてほしい」という手紙を郵便受けに投函したのだが、どうやらそれがまずかったらしいのだ。

「わたしと面識がない記者が、いきなり自宅にやってきて、こんな手紙を寄こしやがって。そういうのが一番嫌いなんだ！　だいたい、うちの家族もオウムの連中や変な手紙で怖い思いを何度もしているんだ。そういう事情を理解してから取材しろ！」

実は、佐久間氏は、現役時代に一連のオウム真理教事件の捜査も担当していた。当時は特別捜査本部が置かれていた警視庁大崎警察署で刑事課長を務めていたため、数多くのオウム幹部やオウム信者たちの逮捕状や捜索差押許可状を自らの名前で令状請求した。テレビ番組の警察密着番組でもおなじみだが、捜査官が逮捕や捜索に出向いた際に書類を呈示する。佐久間氏は、一〇〇を超える捜索差押許可状や逮捕状を請求したおかげで、教団内ですっかり有名になってしまったのだという。

その結果、家族がオウム信者と見られる者に尾行されたり、自宅の郵便受けにオウムのビラなどが入れられたり、電話を取ると「ショーコー、ショーコー」という歌が流れたりした過去があったのだ。以来、元幹部の家族は、見覚えのない人物からの手紙や電話に敏感になっていた。

われわれはそうした背景を知らなかったため、誠に失礼なことをしていたのである。

岡部は畳に手をついて、

「本当に、申し訳ありませんでした」

と謝罪した。元幹部の表情はまだ強張(こわば)っている。

「わたしらは、家族も巻き込んで体を張って命がけでオウムと闘ってきたんだ。軽々しくこんな手紙よこすな！　君は出て行け！」

岡部は頭を下げると、部屋から出て行った。部屋には元幹部とわたしだけになった。

「よし。言いたいことは言った。じゃあ、話をしようか」

強烈な〝洗礼〟が終わると、取材に応じてくれることになった。江戸っ子で、父も祖父も共に粋な大工だったからではないだろうが、カラッとした竹を割ったような性格のようだ。あらためて乾杯し、一杯目のビールを飲み干すと、口も滑らかになってきた。

「長官事件の話を聞きたいのか？」

わたしは、「はい」と短く答えた。

「いいかよく聞け、あの事件はオウムなんかじゃない。他に真犯人はいたんだ。われわれ捜査一課はそれを摑んでいた。真犯人は誰だかわかるか？」

よほど答えようかと思ったが、わたしは元捜査幹部の口から直接、犯人の名前を聞きたかった。

「中村だ、中村泰だ」

――やっぱり。二杯目のビールを飲み干し、佐久間氏は続けた。

「長官事件は中村以外にありえない。中村は、オレたち捜査一課が追いかけていたホシ（容疑者）だ。あいつの秘密の暴露は本物だよ。事件の数日前に長官車両が変更されたことも、遺留品である北朝鮮のバッジや韓国のウォン硬貨が置かれた位置も本当だった。貸金庫から銃を出し入れした日時についても、開扉記録が全部残っていて、事件直後に貸金庫に銃を戻していたことがわかった。銃を投棄するために大島行きの船に乗ったのも、乗船名簿から確認できた。裏付けは全部取れているんだよ。二〇〇％真犯人だよ！」

記者としての経験上、警察の捜査幹部が未解決事件についてここまではっきりと言い切ることはまずない。よほど、自分たちの行った捜査に自信があるのだろう。

**「公安部と上層部に潰された」**

しかし、次に続いた台詞の方がもっと衝撃的だった。

「われわれはな、長官事件で中村を逮捕できる寸前までいっていたんだ。しかし、わけがあって逮捕できなかったんだ」

「そのわけを聞かせていただけますか？」

元幹部の顔がみるみると赤くなっていく。

「公安部だよ、公安部と警察上層部に潰されたんだ。真犯人はもみ消されたんだよ！」

わたしは、耳を疑って、言葉が出てこない。

「公安部が最初からオウムが犯人と決めつけて捜査を突っ走ってきたことが大問題なんだ。われわれ捜査一課は別の事件から中村を見つけ出した。それから、部下たちが本気で奴と対峙して、ついには口を割らせた。いろいろと証拠も割り出した。裏取りも全部やった」

元捜査幹部は話に力が入ると、声がどんどん大きくなってくる。取材のために個室を用意したのだが、外まで聞こえてしまいそうな勢いだ。

「それでも逮捕できなかったのは、公安部と、公安部出身の警視庁幹部が邪魔をしたからだ。自分たちがオウムを追いかけ続けたことが間違いだと認めたくなかったんだろう」

「そんなことが本当にあるんでしょうか……、公安部の面子（メンツ）のために、事件の真相をもみ消したということですか？」

わたしの質問に、元幹部は目を見開いた。

「そんなことが本当にあったんだよ。清田さん、われわれ刑事（デカ）の悔しさがわかるかい？　部下たちが、血がにじむような捜査で真犯人を見つけてきたのに、それをみすみす反故にしたんだ。刑事人生でこんなに辛いことはないよ」

元幹部の目は、少し潤んでいるように見えた。

にわかには信じられない話に呆然としていると、次の取材につながる言葉をくれた。

「中村のことを本気で調べるなら協力するよ。こう言うのもなんだが、中村は本当に面白い男だよ。実際に取り調べにあたった捜査員たちを紹介するから、話を聞いてみるといい。オレの言っていることが本当だとわかるよ」

この日から、わたしたちは数十人の捜査員と出会っていくことになる。

### 唯一の目撃者が語った「長い銃」と「逃走経路」

捜査員の取材と並行して、わたしと相棒は、独自でも裏付け取材をしてみることにした。

まず向かったのは、事件現場となったアクロシティだ。

二〇年ぶりに訪れたその場所は、スカイツリーが遠くに見えること以外は当時のままのように思えた。國松長官が狙撃されたEポートの玄関前に岡部に立ってもらい、わたしは犯人が銃を撃ったとされるFポートの建物の角に立ってみる。その距離、二一メートルほど。やはり、どう考えても、素人にできる犯行とは思えない。

われわれは、中村が書いてきた手紙や同封してきた資料などから、いくつかの「秘密の暴露」に焦点を当てて調べてみることにした。中でも、わたしが気になったのは、中村本人が描いた狙撃に使用した銃のイラストである。イラストに添えられた解説によると、八インチの長銃身のコルト・パイソンを使った上に、特注の「銃床（じゅうしょう）」を付けて狙撃したという。銃床とは銃の反動を抑えて安定させるための肩当てのことで、長さは四〇センチはあったという。もし、そんな特殊なものを使っていたのならば、目撃者は必ず覚えているはずである。

そこで、われわれは目撃者を探し出すことにした。実は、國松長官狙撃事件には十数人の目撃者がおり、しかもその中に一人だけ犯行の一部始終を目撃した主婦がいたのだ。

われわれはその主婦に会って話を聞きたいと思ったのだが、事件発生から二〇年近く経ってからの再取材は容易ではなかった。すでに、アクロシティには住んでいなかったのだ。

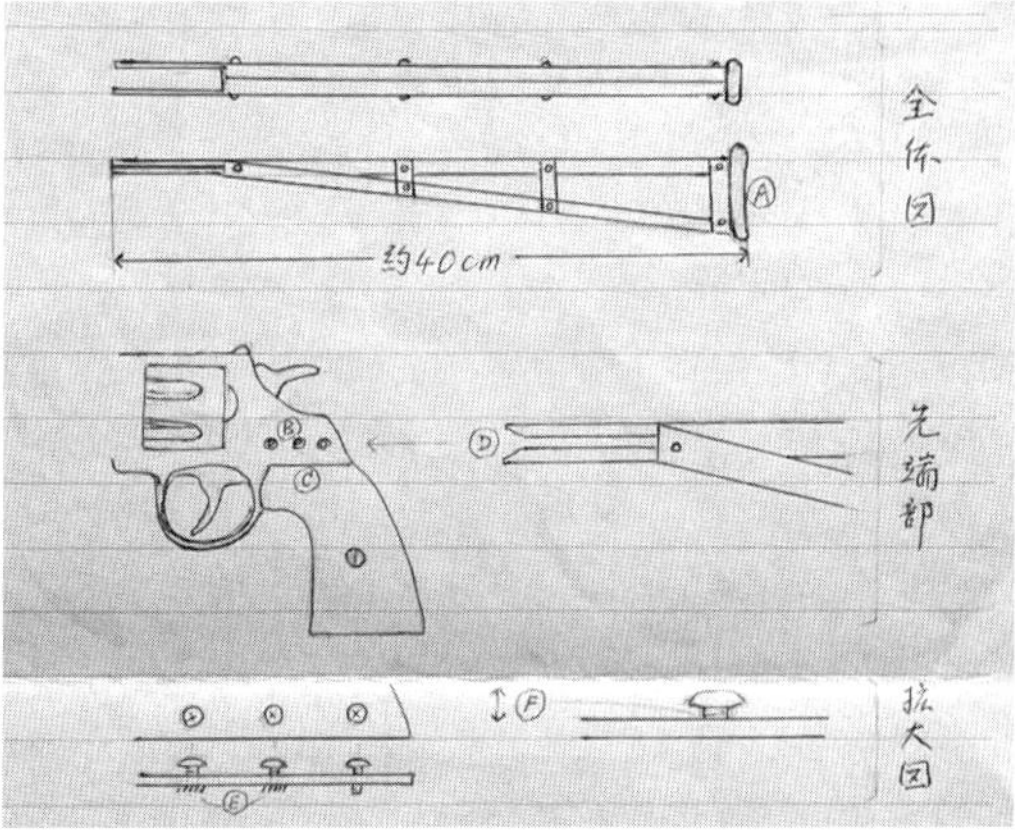

中村が描いた犯行に使用した銃のイラスト

表札は別人の名前になっていた。

岡部はその女性の知人を辿るなど関係者を当たり続け、何とか転居先を割り出すことができた。そこで連絡を取ってみると、事件発生以降のマスコミの対応や今のニュース報道のあり方について猜疑心を抱いているとのことで、これまで取材は断ってきたという。しかし、今回はわれわれの取材の趣旨に理解を示してくれ話を聞けることになった。早速、独占インタビューをしに向かった。

現在七〇代の主婦は、事件当時はアクロシティのBポート三階に住んでいた。そこは、狙撃現場から八〇メートルほど離れた場所で、角度的に犯人がよく見える位置だったという。

わたしは、まず単刀直入に聞いてみた。

「あの日、なにを目撃されたのか、お話しいただきたいのですが」

「あれは午前八時半頃ですよね。朝食の支度をしようと思い、ベランダに置いていたおネギを取りに行ったんです。そしたら、ちょうど視線の先に男の人が銃らしきものを持っていて……、柱の影から何か変な動きがあって、見ましたら鉄砲らしきものを撃つ姿勢が見えたわけですね」

いかにも聡明で上品な感じのする主婦は、覚えていることを淡々と話してくれた。

「本当に偶然なんですよ。偶然、開けて見た瞬間から撃ち始めた。それをただじっと見ていたんです」

「犯人は、どんな感じの人物でしたか？」

「非常にスマートな感じがして……、あんまりがっちりした感じには見えなかった。それに、動きに無駄がない感じがしました。洗練されていて、まるでフランス映画でも見ているような感じでした」

男は、Fポートの植え込みの柱の影のところに立っていて、黒い服に黒い手袋という黒ずくめの格好をして、素肌は見えなかったという。

「銃声は聞きましたか？」

「普通のテレビで聞くピストルの音とは違って、本当にタイヤがパンクするような音。三発くらい音がしたのはわかりました」

主婦は、話しているうちにだんだんと記憶を呼び起こしているようだった。

「他になにか印象的なことはありましたか？」

「銃が……銃が長かったんです。普通のピストルはこれくらいでしょ？　もっと長かった。いやに長さが目立ったんです。それは警察にも申し上げました」

主婦は、そう言うと、手で銃の長さを示した。

それを見た瞬間、わたしは中村のイラストを思い出していた。異様に長い銃。やはり、中村の秘密の暴露は本物なのかもしれない。

横でメモを取りながら聞いていた相棒が、事前に準備していたアクロシティの地図とマジックペンを差し出しながら質問を重ねる。

「逃走していくところもご覧になっていましたか？」

「ええ。ここに自転車が置いてありましてね。こう行って……、こう逃げて行ったと思います。そんな慌てている感じではなかったです。意外にゆっくり逃げていくような感じがしたんです」

そう言いながら、主婦は広場をL字型に抜けていく逃走経路をマジックで書き記してくれた。

実はこれが、中村が資料として送ってきていた逃走経路の図とピタリと重なるのである。

これでひとつ、秘密の暴露が裏付けられた気がした。

## 逃走用の自転車は発見されていた

さらに、われわれは、もうひとつの秘密の暴露を確かめることにした。

証言をしてくれるのは、アクロシティから六〇〇メートルほど離れた場所でかつて「川の音」という喫茶店を営んでいた男性だ。そう、中村が逃走に使った自転車を乗り捨てたと語っていた、あの喫茶店の主人である。店はすでに閉店していたものの、建物も看板も当時のままだった。

主人は当時のことをはっきりと覚えていた。

「自転車はね、たまたまちょうどこの横のところにあったんだよね」

そう言うと、近くに置いてあった自転車を、店の壁に立てかけて再現してくれた。いかにも乗り捨てたという感じで、スタンドがあがったままになっていたという。

「店の前に都電荒川線の停留所があるから、いつも三台くらいの自転車が停まっていたんだけれど、一台だけ乗り捨て方がおかしいから変だなって。普通はスタンドを立てて、鍵をかけて置いていくじゃない？ ところがその自転車だけは、そんな形で鍵もかけずにずっと置いてあった。だからおかしいなと思ってね」

やはり、中村が供述した場所で、怪しい自転車が見つかっていたのだ。

「それに気づいたのは事件当日の何時くらいだったんですか？」

「店を開けるのが午前九時頃だから……九時頃の段階かな。あれ、事件は午前八時、うんと早かったでしょ？」

「午前八時半くらいですね」

「そうでしょ。午前九時の時点でちょっと変だな、ちょっと違う自転車があるなとは思っていた。それが犯人のとかはそのときは全然わからなかったけどね」

「いつ事件との関連に気がついたんですか？」

「ニュースを見て、あれ？　って。普通はね、夜になると自転車取りに戻ってくるんだよ。ところがその自転車だけはずーっと置いてあった。だからおかしいなって。そのときピンときたのは犯人のなんじゃないかなって思った。だけれども、二、三日は様子を見てみようと思って」

しかし、結局三日待っても、その自転車を取りに来る人物は現れなかった。

「だから僕は南千住警察の特別捜査本部、あそこに直接電話を入れたの。うちに変な自転車があるよと。でも、いくら待っても取りに来ないんだよ。結局通報から三、四日してから来たね」

わたしは思わず唖然としてしまった。事件発生後は様々な情報提供があり、いわゆる〝ガセネタ〟もある。しかし初動捜査で大事なことは、そうした情報の真贋を見極める〝つぶし〟の作業だ。それには当然、迅速さも求められる。こんな貴重な情報が何日もほったらかしにされていたというのだから、呆れるしかない。

「ところで、その自転車はどんなものだったんですか？」

「ママチャリって感じなの。だいたいここに自転車を駐めていく人は女性が多いんだよね。それとほとんど似たような自転車だった」

「サドルの高さとか記憶されていますか？」

「それも普通の女性用の自転車と同じ。サドルをいじってなかった」

わたしは、相棒の作った企画書の情報を思い出していた。実は、中村の身長は一六〇センチほどと小さい。だから女性用の自転車に乗っていても不思議ではない。むしろ乗りやすかったはずだ。

やはり中村の秘密の暴露の数々は本物だ。

手紙を読んだ時点ではまだ疑心暗鬼だったが、こうしていくつも取材を重ねた上で確証が取れてくると、いよいよわたしも信じるしかなかった。

# 第三章　〝真犯人〟を追い詰めた捜査員たち

## 名古屋の現金輸送車強奪事件

きっかけは、拳銃を使った現金輸送車強奪事件だった。

國松事件から七年後の二〇〇二年（平成一四年）一一月二二日の白昼、名古屋市西区のUFJ銀行押切支店の駐車場にいた現金輸送車が突然何者かに襲われる。犯人は、マスクと帽子で顔を隠した長髪の男だった。男は突然、拳銃を抜くと、輸送車を運転していた二人の警備員に向けて発砲。まず、二〇代の警備員の左ひざを狙い、ズボンの布地部分を貫通、警備員はその場に倒れ込む。

突然の出来事にびっくりしたもう一人の警備員は走って逃げだすが、その背後七メートル超の距離からやはり足を狙い発砲。今度は、ふくらはぎに命中する。そして五〇〇〇万円が入ったバッグを奪い逃走したのだ。

しかし、銃撃を受けた一人目の警備員が果敢にも追走して男を羽交い締めにしたことで、現行犯逮捕されることになる。犯人は、シークレット・ブーツやカツラで変装をしていたが、実際には身長一六〇センチメートルほどの小柄な老人だった。この犯人こそが、中村泰。当時七二歳にしての凶行である。

こうして、國松長官狙撃事件の捜査では警視庁公安部がオウム犯行説に拘泥していた頃、まったく別の事件から中村が捜査線上に急浮上することになるのだ。

## 愛知県警の叩き上げデカ

われわれは、この事件で中村を取り調べた捜査官に話を聞くため、名古屋市内の老舗のホテルへと向かっていた。

「いったい、どんな人なんだろうな？」

名古屋駅から移動するタクシーの中で、わたしが話しかけると、

「どんな人でもいいですが、お茶をぶっかけられるのだけはもうコリゴリです」

と岡部が真顔で答える。

捜査員といってもいろんなタイプがいる。マスコミを警戒し、われわれ記者には貝の如く固く口を閉ざし、まるで禅問答のような会話しかしてくれないタイプ。しっかり取材している記者にだけ何らかの示唆を与えるタイプ。そしてもちろん〝記者好き〟の捜査官もいる。われわれ記者は、その相手に応じて変幻自在に対応しなければならないのだ。

待ち合わせ場所のホテルには、約束の時間よりちょっと早めに到着した。ホテルのロビーは多くの人でごった返している。学校関係の集まりがあるのか、大学生くらいの年頃の若者たち、何かの趣味の集まりなのか、五〇代、六〇代の女性らも多い。

「大丈夫かな、うまく合流できるかな」

われわれは、相手の携帯番号しか知らず、お互いに顔がわからないため不安だった。ちょうどそんな話を相棒としていたとき——

「お待たせいたしました」

突然後ろから低い声で呼びかけられた。驚いて振り向くと、そこにはサングラスのようなグレーの色が入った眼鏡をした、スーツ姿の強面の男性が立っていた。彼こそが、元愛知県警の捜査員、虎田つよし（仮名）である。一〇〇人以上はロビーにいたにもかかわらず、われわれのことを見極めて声を掛けてきたのだ。「刑事の勘」という言葉があるが、さすがである。

「よくわれわれがおわかりになりましたね……」

会った瞬間から、この捜査官は相当できる人だろうなと感じさせるものがあった。

「今日は、取材を受けていただきありがとうございます。よろしくお願いします」

われわれは挨拶もそこそこに、エレベーターを上がり、ホテルの一室へと向かった。じっくりと話を聞かせてもらうため、前もって大きめの部屋を借りていたのだ。ルームサービスでコーヒーをポットごと注文する。窓際のテーブルで対面した虎田氏を改めて見ると、かなりゴツい体をしている。背は低いが全体的に厚みがあり、いかにも武道で鍛えた体型だ。ただ、強面ながらもその表情からはどこか人間味が溢れていた。

　聞けば、交番勤務から始まり、捜査一課の〝デカ〟になった叩き上げで、愛知県で起きた重大事件の数々を担当してきたという。後の少年法の改正にもつながることになる「名古屋アベック殺人事件」や、二二人の殺害を自供し世間を震撼させた「勝田清孝事件」（立件されたのは八件）、まったく見ず知らずの者たちがネットを通じて集まり殺人を犯した「闇サイト事件」などの捜査も手掛けていた。

## テロリストの意外な素顔

「まず、あの銀行強盗事件があった日のことからおうかがいしたいのですが」

　岡部がインタビューの口火を切る。虎田氏は、コーヒーを一気に飲むと、まっすぐわれわれの目を見据えて話し始めた。

「あの日は、たまたま自宅の引越しをしていましてね。休暇を取っていたんです。そこに、上司から電話が入り、『銀行強盗が捕まったから、調べを担当してもらえないか。とにかく来い』と。まあ、わたしも仕事が嫌いじゃないので、わかりましたって言うて、家の荷物もそのままに捜査本部に出向きました」

　話し始めると時折、独特の名古屋弁が出てくる。それが、彼の人柄とも合わさって、ど

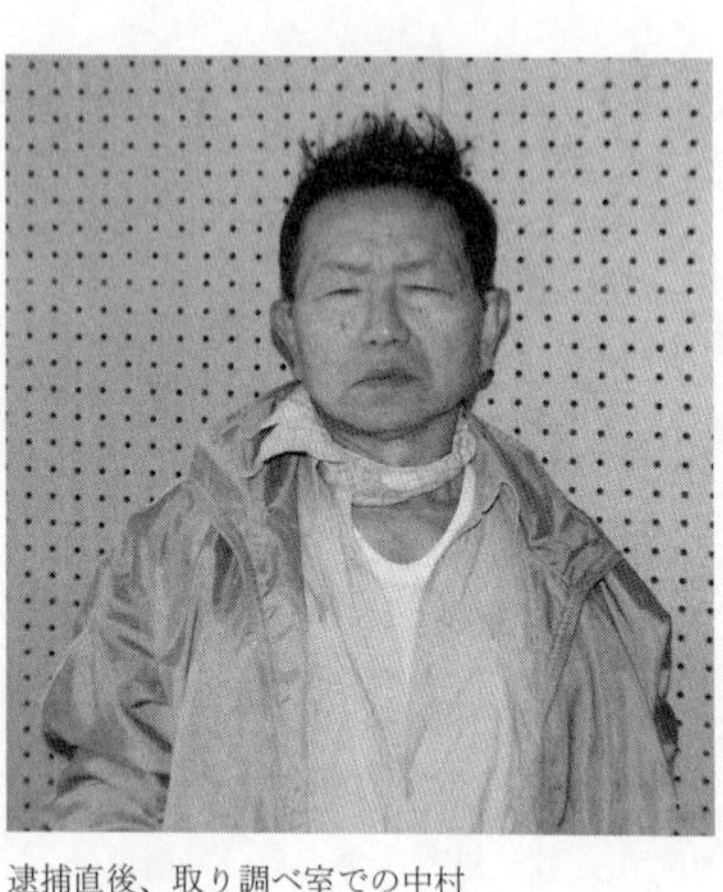
逮捕直後、取り調べ室での中村

うにも心地がいい。

「初めて中村と対峙した時の印象はどうでしたか？」

「見るからに気難しそうな爺さんで、これはまいったなというのが最初の印象でしたな。前科があるというので記録を読みましたが、東大にいた頃に教授から〝ノーベル賞を取れる頭脳の持ち主〟とまで言われていた。にもかかわらず、一方では警官殺しまでしている。とにかくとんでもないタマにあたったなと、これは覚悟しないといけないと思いましたわ」

そう言うと、おもむろに鞄から捜査資料のファイルを取り出し、ペラペラとめくり始めた。

「これが、逮捕直後の写真ですわ」

そこには、取り調べ室でしかめっ面を見せる中村がいた。写真を取られるのがよほど不服なのか、カメラを挑発的に睨みつけているようにも見える。取り調べ室の机の上には、犯行時の所持品である防弾チョッキや拳銃のホルスターが並んでいる。

「取り調べには従順だったのですか？」

「いやぁ、最初はかなり苦労しましたよ。名前は名乗りましたが、住所や家族関係は一切しゃべらない。何を考えているか全くわからない感じでした」

事件から数日の間に、警察は前科や裁判の記録、戸籍謄本などを揃えていた。しかし、それでも中村は自分からは情報を出そうとしなかったという。

「わたしが取り調べで一番大切にしているのは、お互いの共通の〝物差し〟を作ることです。いいも悪いも感覚を共有すること。だから、まずお互いを知り合うところから始めようと、自分のことを話したんです。わが家には婆ちゃん、嫁、息子、娘がおりますと。中村さんは自分の親父くらいの年齢だし、自分としては父親を取り調べるような気持ちでやらせていただきますと。そう伝えました」

虎田氏は、〝中村のお父ちゃん〟と呼びかけて、コミュニケーションを図ることにした。インテリで見るからにプライドが高そうな中村には、こうした〝落とし方〟が効果的だと踏んだのだ。

さらに、雑談も気さくに持ちかけたという。

「意外でしたが、お父ちゃんは音楽が好きでね。ナット・キング・コールやフランク・シナトラが好きだと言っていました。日本だと中島みゆきの曲は詩がいいと褒めていましたよ。犯行当日も、バッハかなにかクラシックのマーチをテープレコーダーで聴き続けてから現場に行っていたみたいです」

まるで凶悪犯とは思えないような趣味である。しかし、こうしたところこそが中村という複雑怪奇な男を知る上での手がかりになるかもしれない。

ちなみに、中村はわれわれとの文通の中でも、好きな音楽について語っている。

〈みゆきの曲が好きだというのは確かにその通りですが、その一方では私は彼女の作詞における詩人としての資質に敬意を抱いているのです。私自身もそれなりに詩作を試みていますので少なからず共感するところがあります。

もっとも私は本質的には洋楽志向でジリオラ・チンクェッティとかシルヴィ・バルタンなどいわゆるヨーロピアン・ポップスをよく聴いていたものでした〉

また、あるときには眼の悪い中村に眼鏡を貸すなどして、取り調べ以外のところでだんだんと距離を縮めていった。こうした作戦が功を奏したのか、中村は自分の身の上について少しずつ話し始めるようになったという。

そして、虎田氏が取った手法が、中村本人に「上申書」を書かせることだった。上申書とは、警察官が作成する「供述調書」と違い、被疑者自身が思っていることや言いたいことを好きに書くことができるものだ。

「頑固な中村のお父ちゃんは、言葉ひとつ漢字ひとつにも強いこだわりを持っていました。だったら、自分で好きに書いてみたらと勧めたら、一気に書き始めたんですわ」

## 嘘だらけの上申書

われわれは後日、別の捜査関係者から大量の中村の上申書を手に入れることができた。通常はまず世には出ないものだ。

それは、「現在の心境」と題した文章から始まる。

〈浅はかな考えから惹き起こした暴挙のもたらした重大な結果に身のすくむ思いであります。なんという不様なていたらくであることか。まさに老醜をさらしたというほかありません。これまでにいくらも自分自身の始末をする機会があったのに、おめおめと生き延びた結果がこの有様です。70年もの人生の歩みがなんのためにあったのでしょうか。この頭を岩に叩きつけて打ち割ってしまいたいほどの絶望感をおぼえます。拳銃を持ち続けた大きな理由の一つは、人生の行き詰まり点に直面したとき己れの頭を射ち抜いて決着をつけるためでした〉

本心かどうかはわからないが、中村は自決するつもりで年を取ってからも拳銃を所持し続けていたという。胸中の吐露は続く。

〈金銭のために人命を奪うようなことだけは絶対にするまいというのが私の自分自身に課した最後の掟でしたし、常にそれに則して行動してきました。ですから被弾した方が快方に向かっていることを聞きましてなんとか安堵感を覚えた次第です。（中略）

今回の事件は人生最後の賭けとして何度もためらったあげくに決行したのですが賭けに破れれば奈落に堕するのは当然のことで何も恨む対象はありません。ただ己の「業」の深さに慄然とするばかりです〉

本当に反省しているのかいないのか、何とも判然としないが、齢を重ね潔いところも垣間見える。

同じ日付の上申書に「事件を起こした動機について」という記述もある。

〈その頃、たまたま何かの用事で通りかかったＵＦＪ銀行押切支店に現金輸送車が出入りするのに遭遇しました。現送車（現金輸送車）襲撃事件なるものはしばしば発生し多額の現金が強奪される事例も見聞きしていましたので自分にもやれそうだという考えが閃きました。これならかなりの額の現金が入り適当な住居を購入して、ついの棲家を確保できると思いましたので、ますますこの考えが私の内部で肥大してゆきました。（中略）今にして思えば誠に自分勝手な理由で、そんなもの天道が許すはずがありませんでした〉

たまたま現金輸送車を見たから襲った……こんな都合のいい話はない。

わたしは、虎田氏にも尋ねた。

「中村は、本当のことを言っていると思いますか？」

「いや、かなり怪しいところもありますな。動機についても、生活苦からみたいな書き方をしておったと思うんですが、わたしは違うと思いますね。単に金が欲しかったんじゃないかと思います。ある程度の生活はできていたはずですから。生活苦というのは中村のお父ちゃんの独特の言い方で、同情を買おうとしていたのと違いますかね」

百戦錬磨の捜査員には、すべてお見通しだったらしい。しかし、それでも黙秘されるよりはましだ。嘘の中にも真実は紛れ込んでいる。

## 銃への執着心

取材開始から一時間。相棒が電話でフロントにコーヒーポットのお代わりを頼む。虎田氏は相変わらず質問にまっすぐと答える。

「取り調べでもっとも雄弁に話したのが銃についてでした。銃についてはものすごく詳しかったです。リボルバーはどうだとか、カート式がどうだとか、パラベラム弾はこうだとか。とにかく銃については延々とよくしゃべった。分解図まで描いたりした。長官事件でも、銃身の長い特殊な銃が使われていたそうですな、あれを選んだのは中村のお父ちゃんのこだわりでしょうな」

いったいなぜ、中村はこれほどまでに銃に執心しているのか？

上申書にはその謎を解く鍵が書かれていた。

〈私が最初に拳銃射撃を体験したのはだいたい11歳の頃でしたが父親の知人に連れられて射撃場のような場所に行ったとき小型のものを射たせてもらったように記憶しています。場所は満州国（現中国東北部）のどこかでした。その当時は治安上の必要もあり至るところに各種の拳銃がゴロゴロしているような感じでした。自宅にもあったのですが、これは施錠した所に収納されていて絶対に触れさせられませんでした（当時、父親は陸軍予備役将校でした）。ですから私の周辺では拳銃は現在の自動車ほどにありふれた存在でした。さらに日本に引き揚げてからも、当時の中学校では軍事教練があり軍の使い古しながられっきとした軍用小銃を取り扱っていたのです。そのような環境でしたから私の銃に対する感覚は今の世代の人たちとは全く異なります〉

「三つ子の魂百まで」というが、少年時代から拳銃が身近にあったという満州での原体験が中村の人生にとって多大なる影響を与えたのは想像に難くない。

取り調べが進むと中村自ら、満州時代の話もするようになってきたという。

「中村の父親は、満州で憲兵のような仕事をしていたと話していました。ああいう時代だったので鉄砲を一〇代の頃から撃っていたと。馬賊に襲われないように護身用だとかとも言っていました」

さらに、上申書では、名古屋事件で使った拳銃の入手ルートも明らかにしている。

〈十数年前に新宿歌舞伎町界隈で拳銃を求めるために、その売人を探しているときに出会った中年の男から受け取ったものです。その名前はごくありふれたもので私のほうでも当然その場限りの偽名だろうと思っていましたし、またこの種の取引の常識として、後日の掛かり合いを避けるためにお互いの身許など詮索せずそのときかぎりで終わらせるという暗黙の合意もありますから現在では憶えていません〉

そして拳銃を購入後は、射撃訓練もしていたという。

〈拳銃を入手後、付随的に買い求めた実包を使って試射しました。回転式の方は弾数も少なかったし、数発程度で特に作動に支障はないことを確かめるだけでした。自動式の方は譲り受けた弾数も多くまた射ちごたえもあるものでしたから全部で数十発にのぼったかと思います。試射の場所は主として多摩丘陵の森林地帯でリュックを背負いハイキングを兼ねるような形で行きました。現在では都市開発されてしまった所もあるようです〉

ハイキングをするような場所で、拳銃を試し撃ちする。しかも場所は郊外とはいえ東京都内だ。まったく恐ろしい話である。

## 「警察学校の教官よりもうまい」射撃技術

捜査員たちがもっとも驚いたのは、中村の射撃技術だった。

「現場検証をするために、犯行現場のＵＦＪ銀行の駐車場まで中村を連れて行き、当日とまったく同じ動きをさせたんです。そこでのお父ちゃんの身のこなしが凄まじかったんですわ」

検証では、本物の銃を使うわけにはいかないので、銃口から赤色のレーザー光線が出るレーザーポインター付モデルガンを使用した。立ち合った警察官が驚愕したのは、その銃の扱いぶりだった。

「銃の持ち方から身のこなしから、完全にプロでした。わたしも現場でいろんな犯罪者を見てきましたが、あんな人間なんてまずいないですよ。われわれも警察官ですから、素人とプロの違いくらいは見てすぐわかる」

この現場検証のときの写真がある。真剣な表情で拳銃を構える中村の姿が映っている。その眼光の鋭さは「俺はまだまだ現役だ」と訴えているようだ。

「中村が、ぱっとモデルガンを構えると、レーザー光線が被害者役の捜査員の足にピタッとあたる。全然ぶれない。八メートルくらい離れた距離から何回かやらせましたが、何度やっても見事にぴたっと照射したんですよ。あまりの技術に現場にいた警察官がびっくりしてどよめきが起こったほどです」

現場検証でモデルガンを構える中村

　虎田氏によれば、普通の犯罪者なら照準が定まらずフラフラしてしまい、そう簡単にはあたらないという。

「こりゃ、警察学校の教官よりもうまいな」

　居合わせた一人がこう囁くほどだった。

　検証を終えると、中村はしたり顔で現場を後にしていったというのだから、余程の自信があったのだろう。

　上申書にも、名古屋の事件での射撃について、自ら詳細な解説をつけている。

〈不慣れな者が自動拳銃を連射すれば、直前の発射で銃口が跳ね上がったままの状態で再び引金を引いてしまうようなことも起こり、いわゆる乱射の状態で、どこに着弾するかわからないという事態も生じますが、私の場合は、最初の発射から別の警備員の方へ発射するまでに銃を数十度の角度で横に移動していて、その間に跳ね上がりは克服されていて、銃口は十分に下向きに修正されていました。これも着弾位置によって裏付けされています〉

「中村は裁判でも『足元を狙ったんだ』って言うて殺意を否定していましたけど、それは本当だと思いますね。金目当てで、殺すつもりは最初からなかったと感じました」

## 根っからの犯罪者

気がつけば、取材開始から二時間が過ぎ、三本目のコーヒーポットも空になりつつあった。わたしは、長年にわたり犯罪捜査の第一線にいた虎田氏にとって、中村はどのような人間に映ったのか聞いてみた。

「一言で言えば、根っからの犯罪者ですね。普通の犯罪者とは違う。いろいろな事件を捜査しましたが、なかなかこういうのはいません」

横でメモを取り続けていた岡部が、顔を上げて質問を重ねる。

「どういうところが、普通ではないのですか?」

「自分だけの変なこだわりが多いでしょう。例えば、名古屋事件のときも、犯行に向かう間に、行進曲を聴いて自分の気持ちを奮い立たせてから行くとか。特殊なCCDカメラを自分で組み立てて銀行の駐車場にしかけておくとか。変装してシークレット・ブーツを履いてとか。映画の世界を地で行っていますよね。かなりの自信家で、ナルシストですし」

確かに、銃に対してもそうだが、中村には異様なこだわりが多い。

「いままで取り調べてきた犯罪者の中でも、中村は五本の指には入りますか？」

「うーん、そうですね」

虎田氏はしばらく天井を見上げ、考えていた。そして、

「いやあ、一番ですね」

彼のような捜査員をして、中村はデカ人生でもっとも記憶に残る犯罪者だというのだ。

「われわれは、お父ちゃんが他の重大犯罪にも関わっているであろうことは、早い段階から勘付いていました。だから、アジトから國松事件に関するものが出てきたときには、驚くと同時に、やっぱりなという感じでしたよ」

そうなのだ。この名古屋の事件の取り調べを進めるうちに、國松事件とのつながりがわかってくるのだ。

## 〝協力者〟を割り出す

日本国内において、拳銃を使った犯罪はそうそう起きるものではない。当然、中村の存在には全国の警察も目をつけることになる。「他にも、銃を使った重大な事件を起こしているのではないか?」。中村の取り調べは、愛知・東京・大阪の三つの警察による合同捜査班によって行われることになる。

その取り調べの中で、捜査員たちは妙なことに気がついた。逮捕勾留中の中村に、差出人名のない差し入れがよく届けられていたのだ。中身は日用品の類だったが、差出人が誰なのか不審に思い、宅配便の伝票から配送ルートを遡って割り出してみることにした。すると、中村の交友関係の中にいた怪しい人物に突き当たった。

それは、山崎(仮名)という名の六四歳の男だった。当時、大阪市内で経営コンサルタント会社を運営していた。山崎には前科があり、拳銃を使った殺人事件を起こして千葉刑務所に服役していたのである。しかも調べてみると、山崎が千葉刑務所に入っていた時期、中村も警察官殺害の罪で服役していたことがわかった。二人はいわゆる〝ムショ仲間〟だったのだ。これは中村の協力者に間違いないとわかり、家宅捜索をかけることになった。

二〇〇三年(平成一五年)七月九日、警視庁刑事部・愛知県警・大阪府警の合同で、山

崎の自宅や別荘、貸金庫などを一斉に捜索することになった。総勢五〇人近くを動員した大規模なものである。家宅捜索の当日、虎田ら捜査員たちが大阪にある山崎の自宅マンションに行くと、ちょうど妻が子供たちを学校に送り出すところだった。静かに近づき、捜索令状を見せようとすると、妻は何かを察したのか、

「子供が行くまで待って」

と言ったという。集まってきた男たちが刑事であると、瞬時に見抜いていたのだ。夫がなにか犯罪に関わっていると気がついていたのかもしれない。

山崎本人は寝ていたが、起きてきて事態を飲み込むと、顔がみるみると青ざめて激しく動揺し始めた。わたしは、家宅捜索時に撮影された山崎の写真をある捜査関係者から見せてもらったが、令状を突きつけられて呆然としたような表情で下を向いていた。いかにも寝起きという感じの半袖のポロシャツに短パン姿だ。

家の中を捜索している間も、山崎の様子はずっとおかしいままだった。捜査員が部屋に金庫があることに気づき、本人に開けさせた。すると、その瞬間、金庫の中からなにかを取り出し、ズボンのポケットに入れた。

「何を隠したんだ、出せ！」

「何も入れていない！」

強引に取り上げると、それは茶色い封筒のようなものだった。中を開けると、長さ三センチくらいの細長いカプセルで、中には白い粉が入っていた。捜査員たちは、それが毒薬であると直感した（後の科捜研の鑑定で青酸カリであると判明）。飲んで自殺するつもりだったのだろう。「こいつも何かしら大きな事件に関わっているに違いない」と、その場にいた誰もが確信した。

## 〝協力者〟の突然死

自宅の捜索が一段落すると、今度は三重県名張市に山崎が所有する別の家に向かうことになった。警察は、そこが中村のアジトだと考えていた。そこでの捜索にも山崎を立ち合わせるため、大阪府警の捜査員たちと共に向かうことになった。

しかし、ここで事態は急展開する。名張のアジトに着いた直後、山崎が心筋梗塞を起こして倒れたのだ。救急車ですぐ病院に運んだが、そのまま死亡した。青酸カリによる自殺も疑われたが、医者による診断の結果、死因は心筋梗塞であるという。どうやら、心臓に持病を持っていたらしい。

大阪府警の捜査員に話を聞いたところ、「途中のインターチェンジの所までは、普通に話をしていたんです。で、アジトについたら動かないんで、『山崎、アジトについたで』

と言っても、カクッとなってぐったりしていた。『おい山崎！』って叫んでもダメで、病院に搬送したが心筋梗塞で死んでしもうたんです」

この中村の協力者・山崎の突然死には、合同捜査班の面々も相当な衝撃を受けた。もし、彼がその後も生きていれば、國松事件に関しても重要な証言ができたかもしれない。しかし、このときはまだそんなことを知らぬ捜査員たちは、ただただ唖然としながらも家宅捜索を続行することになった。

## 名張のアジト

われわれは、名張にある中村のアジトの家宅捜索を指揮した警視庁刑事部の元刑事にも話を聞くことができた。横内昭光氏、当時捜査一課で管理官を務めていた。見た目も声も、「はぐれ刑事純情派」でお馴染みだった俳優の藤田まことさんにそっくりだ。中村の合同捜査班に加わったのは、退官間際の頃だったという。

「当時、われわれは、東京八王子で起きたスーパーナンペイ事件を追っていたんですよ。地下鉄サリン事件や國松事件と同じ九五年に起きた殺人事件で、女性三人が銃で惨殺された。ひょっとしたらあのヤマのホシになるかもしれない男がいるから調べた方がいいという情報が入ったんです。その男こそが中村だったわけです」

結局はナンペイ事件については、〝筋違い〟だったわけだが、この捜査班への参加がきっかけとなり、警視庁刑事部は國松事件と中村の関連を知ることになる——。

「今でも、名張のアジトの間取りは覚えています。平屋建てで部屋は二つ、ダイニング、キッチンがありました。野郎たちが暮らしていたにしては、部屋の中は整然としていて小ざっぱりとしていましたよ」

ガサ（家宅捜索）をかけていると、突然、部下がなにかを発見したという。

「キャップ！って大声で呼ばれたんですよ。なんだと思って行ってみると、大量の新聞や雑誌が箱に入ってきれいに整理されて置いてあったんですよ、それが全部、國松事件に関する記事です。びっくりしました、あれは」

中村のアジトから、思ってもいなかった國松警察庁長官狙撃事件の山のような資料を発見し、捜査員たちは色めき立ったという。そして、これを皮切りに、続々と〝証拠品〟が見つかるのだ。

「あれよあれよと様々なブツが出てきましたね。國松長官の自宅周辺の詳細な地図（南千住駅からマンションまで線が引かれていた）や、犯行当日の様子を書いた詩も発見されました。警察庁に侵入して、國松長官の自宅住所を調べに行ったときのものと思われる切符も、ご丁寧に取ってありましたね。ほんと中村は几帳面な奴ですよ、普通そんなもん取っておきますか?」

他にも大量の偽造パスポートや、他人の戸籍謄本、偽名で作成された銀行通帳、数百万円単位の証券取引報告書、銃や戦闘技術に関連する教本、シークレット・ブーツなどが押収された。家宅捜索は合計で三日かかったが、最後に天井裏を調べたところ、拳銃一丁と大量の弾丸も出てきたという。

横内氏は、上司だった捜査一課理事官(当時)の佐久間正法氏にただちに報告を入れた。

「中村は、ナンペイ事件じゃなくて國松事件に関わっているかもしれない。そちらの方も合わせて捜査した方がいいですよ、と理事官に言いました。國松事件の捜査を指揮していた公安部にも捜査員を名張に送ってもらい、ガサ現場を見てもらった方がいいとも進言しましたね」

疑わしき容疑者の家宅捜索に臨場し、自らの目で押収品を確かめ、犯罪の気配のようなものを感じ取る――それが捜査の基本中の基本だ。しかし、ここでも公安部は信じられない対応をする。

「ところがですよ、翌日公安部から捜査員が来るには来たんですが、来たのは警部補クラスの〝小僧〟だったんです。なんでこんなペーペーを寄越すんだと。しかも、夕方にふらっと現れて、すぐに帰ってしまったんですよ。ちゃんとしたデカが来ていれば、絶対にいろいろとひらめいたはずなんです。あの現場には國松事件の〃すべて〃があったのに……」

もう十数年は経っているというのに、横内氏は今なお憤懣やるかたないという表情を見せる。同じ刑事として、許せなかったのだろう。この一件もあり、國松事件に関する中村の捜査は、警視庁刑事部・捜査一課が取り仕切っていくことになる。

### 貸金庫から発見された大量の銃器

名張のアジトから押収された物は、愛知西署へと運び込まれ、一点一点分析が行われた。そこで、横内氏はある押収品に目をつけた。

「細かいメモ類なんかも押収したんですが、その中に〃ヤスコ〃という文言がやたらに多く書かれていたんですよ。そこで、いったい何なのだと、合同捜査班みんなで頭をひねって考えたんです。きっと、なにかの暗号だろうと。するとあるとき、ひとりの捜査員が『安田の金庫』の隠語じゃないかってひらめいたんですよ。『そういえば、貸金庫の鍵もガサで出てきたな』ってなって、すぐに調べようとなりました」

それは、新宿駅近くにある安田生命ビルの地下にある貸金庫だった。捜索令状を見せて中に入ると、巨大なロッカーのような空間が広がっている。中村が借りていたという金庫の鉄の扉を開けると、そこには信じられないものが詰まっていた。

「マシンガンのようなものを含めて、日本ではまず手に入らないようなすごい銃器が一一丁。実弾が一〇〇〇発以上、手榴弾、ダイナマイトの起爆導火線などが出てきたんです。中村は、本気で戦争でも始めるつもりだったのかと、みんな戦慄したのを覚えていますよ」

わたしは、中村が隠し持っていたという銃のリストを入手した。

•「スミス&ウェッソン49型（38スペシャル口径）」

通称「ボディーガード」。米国の私服警察官の要望を基に開発されたという銃。二〇〇七年におきた長崎市長射殺事件では、これと同じ銃が使用された。

•「ベレッタM92」

世界中の警察や軍隊で幅広く使われている自動式拳銃。見た目の美しさもあり、『ダイ・ハード』や『リーサル・ウェポン』など、映画やテレビドラマの主人公が使う拳銃としても知られている。

•「コルト・ダイアモンドバック」

コルト社が製造した、商品名に蛇の名を冠するシリーズのひとつ。他には、長官事件でも使われたパイソンやコブラ、キングコブラ、アナコンダなどがある。

・「チャーター・アームズ・ブルドッグ」
一九七〇年代から八〇年代にかけて、アメリカでその名を馳せた小型拳銃。ジョン・レノンの殺害事件では、同社の銃が使われた。

リストには、サブマシンガンの「KG-9」、ライフルの「ULA短銃身小銃」、銃口が二つある「アメリカン・デリンジャー双銃身拳銃」なども載っていた。貸金庫からは、國松事件で使用されたコルト・パイソンは発見されなかったが、日本の犯罪史上でも間違いなく最大級の押収品だった。

## 「対オウム戦」のための毒マスクと防弾チョッキ

わたしと相棒は、中村のアジトから発見された押収品の一部を、あるルートを通じて見せてもらうことができた。それは、茶色い大きな段ボール箱六個に入れられ、厳重に粘着テープで封印されていた。長い間、警察や検察の保管庫に眠っていたからだろうか、かなりカビ臭い匂いがする。

段ボールを開けると、最初に眼に飛び込んできたのはガスマスクだ。真っ黒い分厚いゴムでできており、目のところはゴーグル状、口の部分には大きなフィルターが装着されて

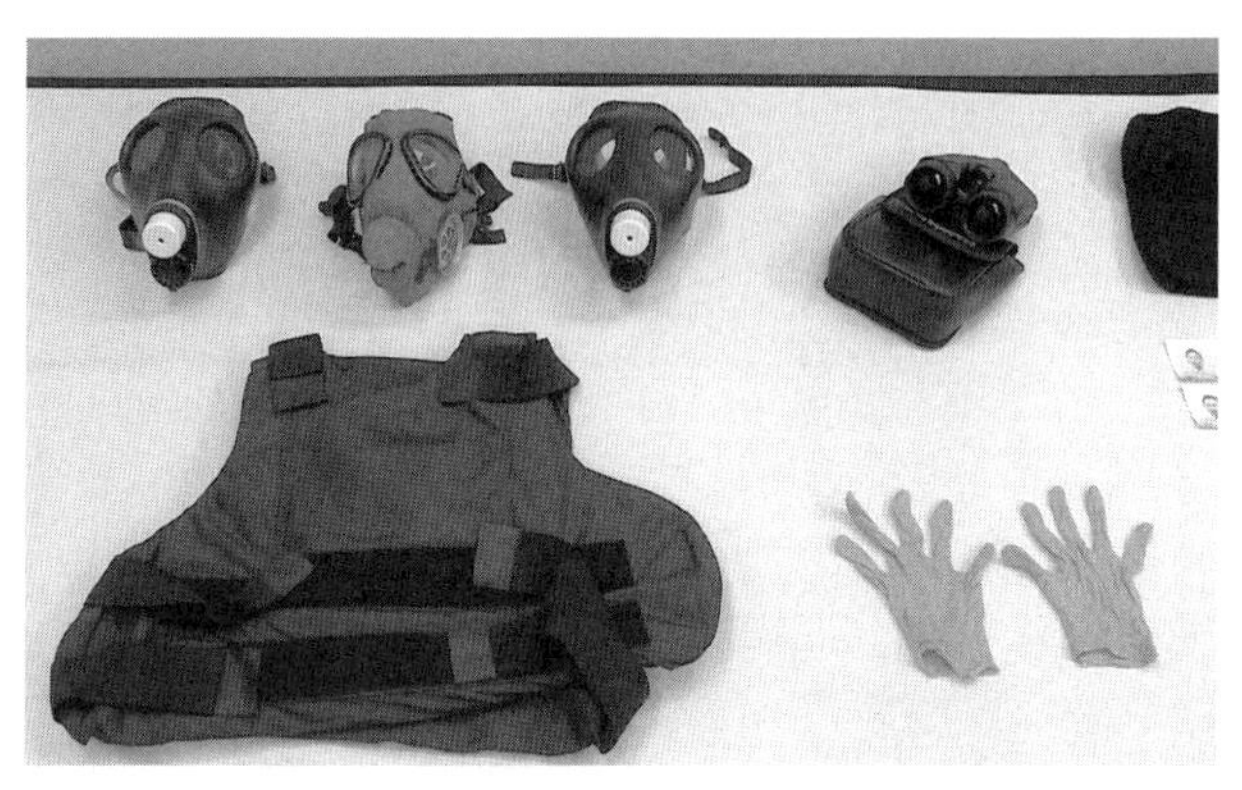

中村のアジトから押収された品々

いる。髑髏（どくろ）を思わせるグロテスクな見た目に、思わず背筋が寒くなる。後で調べると、化学兵器用に開発された軍需品であることがわかった。

続いて箱から出てきたのは、防弾チョッキだ。持ち上げてみると、ずっしりと重い。一〇キロ近くはあるだろうか。あちらこちらに生々しい傷や汚れがあり、実際に使用していたと思われる形跡がある。

わたしは、中村の手紙の一節を思い出していた。〈われわれ特別義勇隊残党の者が計画した〝オウムの化学兵器テロを阻止するための〟上九一色村の化学兵器工場〝第7サティアン〟に対する武装襲撃のために準備した装備品があります。最も肝心な銃器弾薬類は没収されてしまいましたが残されている防毒マスク、防弾チョッキ、鉄兜、（夜襲用の）赤外線暗視鏡などがこの作戦を裏付ける

ものとしては存在感が示せるかと思います〉

押収品の中には、「レーザー式双眼鏡」という変わった物もあった。

これもスパイ映画に出てきそうな道具だが、肉眼では見えないレーザーを被写体へ投射することで、距離を測ることができる特殊な双眼鏡である。やはり軍隊や、警察の特殊部隊などで使われているという。

再び、中村の手紙から引く。

〈これは（長官狙撃事件）当日に携行していたものではありませんが、それ以前の偵察時に狙撃地点から本来の標的の位置である公用車の停車地点までの距離を測定するために用いた日本のS社製の距離計が含まれていたように思います。その際の距離は約30mでした〉

一つ一つの証拠品を目の当たりにすると、わたしは相棒に向けて語りかけた。

「ここまで来ると、いよいよ國松事件の真犯人が中村であると、信じざるを得ないな」

「そうですね。少なくとも、とんでもないテロリストだったことは確かです」

## 捜査官Xの怨念

名古屋の現金輸送車襲撃事件での逮捕をきっかけに、アジトが見つかり、そこから貸金庫に隠していた大量の銃器が発見される。こうして、突如「國松事件」の重要容疑者として浮上した中村泰。その中村と、長きにわたり〝専任捜査官〟として対峙していくことになるのが、警視庁刑事部・捜査一課のXだ。彼は、取材当時はまだ現役の警察官だったが、ある警視庁元幹部の仲介により、特別に会って話を聞けることになった。

最初の打ち合わせ場所に指定されたのは、とある警察施設だった。その日は、岡部が同行できず、一人で向かうことにした。薄暗い廊下を抜けて、施設の奥にある十畳ほどの割と広めな一室に入ると、Xが待ち受けていた。

「あなたの噂はいろいろと耳に入っていますよ。國松事件を再取材しているんですってね。正直、なにをいまさらという感じもしますけど」

いきなり先制パンチを食らわされた。どうやら、中村の捜査をし尽くしたにもかかわらず、逮捕できなかったことで、事件に強い〝怨念〟を持っているようだ。

「わたしは、真実が知りたいだけです。話せる範囲で結構ですので、よろしくお願いします」

ちなみに、Xの風体や経歴については、一切話すことができない。その条件のもとで取材をさせてもらったからだ。ただ、彼こそが、二〇〇四年から七年間にわたり、中村を聴取し続けた人物である。

「中村はね、最初から國松事件の犯行を認めたわけではないんですよ。むしろ、全然しゃべらない。ただ、『否定も肯定もしない』と曖昧な言葉を繰り返すのみ。取り調べ室に行くのも嫌になりましたよ」

頑なに口を閉ざしていた中村が態度を変えたのは、二〇〇四年七月七日、七夕の日。長官狙撃事件の捜査を取り仕切っていた警視庁公安部が、電撃的にA元巡査長やオウム幹部らを逮捕したことがきっかけになったという。捜査官Xがその日の中村とのやりとりの詳細を語ってくれた。

Xが逮捕の記事が載った新聞各紙の夕刊を取調室に持って行き、中村に見せると、中村は顔面蒼白になった。「これはあまりにひどすぎる。全くの冤罪じゃありませんか。今後、公安部はどうする気ですかね？　結末つけられないでしょ」と言い出した。

そこで、Xが畳み掛ける。

「それであなたはどうします。このまま公安部の勝手にさせておく気ですか」

長い沈黙。そして――

「わかりました。こんなでたらめが横行するのを見過ごすわけにはいきません。それに今なら冤罪被害を防止するという大義名分もありますし、供述調書の作成に応じましょう」

中村としては、オウム真理教を潰すために〝オウムの犯行に見せかけて〟國松長官を狙撃したのだから、警察がオウム捜査を加速させたところまでは思惑通りだった。しかし、まさかオウムが解体状態になった後も、公安部が誤った方向で捜査を展開していることに黙ってはいられなくなったというのだ。犯罪者としての歪んだ自己顕示欲もあったのだろう。

「せっかく東京から来てくれているので土産に少し話しておきましょう」

そう言うと、中村はわれわれへの手紙に書いてきたような〝秘密の暴露〟を次々と語り始めたという。

黙ってXの話を聴き続けてきたわたしが、口を挟む。

「つまり、そこで中村は初めて〝落ちた〟わけですね」

「そうですね。まず秘密の暴露をしてくれたのは大きかった。裏もすべて取れましたから。そこから四年ぐらいかけて、〝完落ち〟させていきました」

「中村を取り調べた捜査官として、どの段階で彼のことを真犯人だと確信しましたか？」

この質問をした途端、Xは真剣な面持ちになって、身を乗り出した。

「アメリカの捜査でしょうね。あそこに、この事件の謎の答えのすべてがありますよ。アメリカには取材に行かれないのですか？」

その言葉には実際に現地を捜査してきた捜査官だからこその重みがあった。

「國松事件の鍵は、やはりあの特殊な銃ですよ。コルト・パイソンをどこで手に入れたのか。われわれは現地で調べましたよ。清田さんも行かれた方がいいんじゃないですか？」

# 第四章　灼熱のアメリカ取材

## 「三つの謎」に対する回答

捜査官Xからの示唆もあり、われわれは國松事件の原点に立ち返り、「三つの謎」について中村に聞いてみることにした。
①犯行に使われた特殊な銃、「コルト・パイソン（八インチ）」をどこで入手したのか？
②犯行に使われた特殊な弾丸、「ホローポイント式のナイクラッド弾」をどこで入手したのか？
③高度な射撃技術をどのようにして身につけたのか？
いずれも、もし中村が真犯人であるならば必ず回答できるはずである。わたしは期待を胸にこの三つの質問を手紙に記して送った。

二週間後、中村からの返信が届いた。その内容は、またまたわれわれの想像をはるかに超えるものだった。

まず、銃の入手経路について。

〈決行に使った銃、コルト・パイソンは、8インチ銃身という長銃身のものです。357マグナム口径の回転式拳銃で、87年にアメリカで購入したものです。サウス・ゲート市というロス南郊の町にある『ウェザビー』という鉄砲店の支店で、テルオ・コバヤシ名義の

運転免許証をＩＤとして示し、６００ドル台後半で買いました。ジョージ・カイザーという名前の店員が対応しました〉

中村は、銃を購入した店の名前だけでなく、店員の名前まで覚えていた。これが真実であるなら、まさに決定的な証拠になるだろう。ちなみに、テルオ・コバヤシというのは、中村がアメリカで活動する際に使っていた偽名だという。確かに、名張のアジトの家宅捜索では、その名前で作られた偽造パスポートや、アメリカの運転免許証が見つかっていた。

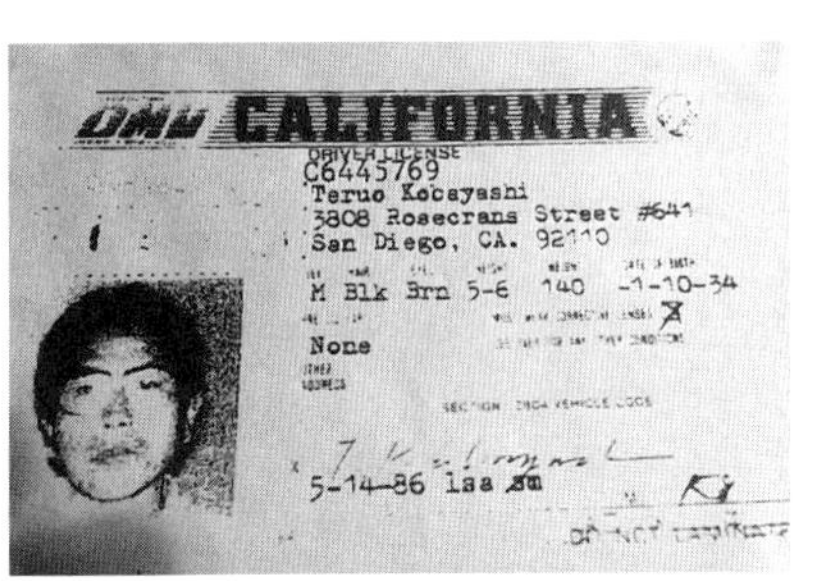

テルオ・コバヤシの偽名で作られた運転免許証

さらに手紙には、銃を購入した目的や、その密輸方法まで書いてあった。

〈本来この銃は朝鮮半島核危機の際に在日米軍幹部を北朝鮮幹部を装って狙撃するために用意したものだったのですが、それが妙な成り行きで長官狙撃に流用されたのでした〉

〈こうした銃器は分解して特殊電気機械の内部に部品に見せかけて組み込み、輸入貨物の形で国内に搬入しました〉

実は、中村のアジトからは、バッテリーチャージャーの輸入に関する資料が大量に出てきていた。こうした機械の中に、銃の部品をバラバラにして組み込んで密輸していたというのだ。

次に、特殊な銃弾について。

〈使用した実包はフェデラル社製造の357マグナム・ナイクラッド・ホローポイント弾です。（中略）フェデラル社の製品は一般に精度も信頼性も高いといわれていますので、それを採用するのは合理的でした〉

〈ナイクラッド弾は一般のガン・ショップには置いてありませんので、たまたまガン・ショウに出品されているのを見つけて購入しました。製造時期がやや古いもののようでしたが、試射してみたところでは特に異常はなく、またパイソンとの相性もよかったので、VIP狙撃作戦に用いることにしたのです〉

「ガン・ショー（Gun Show）」とは文字通り、銃器の展示会のことだ。銃社会のアメリカでは、週末になると全米各地で開催され、かなりの人気があるらしい。

ただ中村は、いろいろなガン・ショーに出かけては銃や弾丸を購入していたらしく、犯行で使用した銃弾をどこで購入したかまではっきり覚えていなかった。西海岸のどこかだろうということだけ書いてあった。この情報から購入した場所を特定するのは、かなり苦労しそうだ。

最後に、射撃技術について。

〈基本的には解説書（主に英文のもの）やビデオを指針として独自に修練を積み重ねてきました。上達の基本は数をこなすことだとされていますが、私が使った各種の弾薬の総数は優に5万発を超えていると思います〉

〈通常の拳銃射撃などは便利なロサンゼルス市中の屋内射撃場で、長距離の狙撃銃は郊外の２００〜３００ヤードのレーンがある屋外射撃場を利用していました〉

そして、「Angeles Shooting Ranges」など、いくつか具体的な射撃場の名前を書いてきた。もし、当時の関係者が残っていれば、日本人で頻繁に通っていた中村のことを覚えているかもしれない。しかし、そんなわたしの甘い希望はすぐに打ち壊された。

〈私は万事目立たないことを心がけてきましたので、自分の腕をひけらかすような行為は努めて避けてきました。山中で独り黙々と修行に励む武芸者といった趣きに近かったかもしれません。そういった事情で、私の射撃技量を実見して印象に止めている人物はまずいないのではと思われます〉

工作員としてアメリカで活動していた中村にとって、目立つことはなによりも避けたいことだったのかもしれない。そうなると、取材で現地に行ったとしても、覚えている者はなかなか見つからないだろう。

いずれにしろ、事件の鍵を握る「三つの謎」を解くためには、アメリカに行くしかない。

## アメリカ最強の日本人コーディネーター

しかし、いきなり異国の地に行って闇雲に取材をしてもうまくいくわけがない。そこで、頼りになるのが、「現地コーディネーター」だ。

われわれテレビ記者が海外ロケを行う時、必ずお世話になる人々である。英語で「調整者、まとめ役、進行係」という意味の肩書きを持つ彼らは、実際にははるかにそれ以上の仕事をこなしてくれる。

現場で通訳をしてくれるのは当然で、事前に聞き込み調査をしたり、探偵のように人探しもしてくれる。また、あるときは取材不可能と思えるような相手を口説き落としてくれたりする。海外ロケの成功の可否はコーディネーターが握っていると言っても過言ではない。

相棒の岡部は、アメリカ取材をやるとなったときから、あるコーディネーターと手を組むことを決めていた。岡部は海外ロケを一〇〇回以上こなしてきているので、そういった事情に通じていた。なんでも、以前にアメリカ海軍の独占取材をする難易度の高い仕事を一緒にしたことがあり、「間違いなく、アメリカ最強のコーディネーター」だと言うのだ。

その話を最初に聞いたとき、わたしは勝手に屈強な体でヒゲを生やした強面の中年男性をイメージしていた。だから、後にそのコーディネーターが二人の子供を持つ小柄な日本人女性であることを知って心底驚いたものだ。彼女の名は、深作真紀さんという。

岡部と深作さんは、毎日メールや電話でやりとりしながら、事前リサーチを進めていった。中村の手紙に書かれていた人物や店舗を割り出して、取材交渉をするのだ。

われわれの希望する取材項目は以下のような項目だった。

・中村が射撃訓練を行っていた射撃場を見つけ出し、中村を目撃したことがある人物（教官など）にインタビューをしたい。

・中村が「コルト・パイソン」を購入した店、ウェザビー・サウスゲート店に行き、その事実を確認したい。販売した店員、ジョージ・カイザー氏にインタビューをしたい。

・中村が犯行に使った弾丸を購入したガン・ショーを特定し、事実を確認したい。

しかし、こうした人探しや店探しは、想像を絶するほど困難をきわめた。いま思うと、相棒の岡部はアメリカ取材の前から完全に殺気立っていた。それだけの大仕事だったのだ。

## ロサンゼルス――銃社会アメリカの洗礼

二〇一四年七月、わたしと相棒は、アメリカのカリフォルニア州ロサンゼルスに飛んだ。

到着した翌朝に、ホテルのロビーで初めて深作さんと対面した。いかにも温和そうな顔に、人懐っこい話し方。こういう人柄だからこそ取材相手の懐に入っていけるのだろう。

「外に車を用意しているので、行きましょう」

彼女に案内されホテルの外に出ると、空は青く澄み渡っていた。湿気がなくカラッとしていて、汗ばむくらい陽射しが強い。異国の地にやってきたという実感がする。車に乗り込むと、すぐに作戦会議を始めた。深作さんが説明する。

「まず、今日はいくつかの射撃場を回りましょう。中村の手紙にあったところはもちろん、通っていた可能性があるところは全部洗い出してあります」

岡部と深作さんはすでに、数十か所あるロサンゼルスの射撃場のすべてを調べた上で、五か所にリストを絞っていた。しかし、ひとつ大きな問題があると相棒がいう。

「事前に交渉をしましたが、どこも取材や撮影はNGと言われています。アメリカの銃社会はとにかく厳しくて」

聞けば、銃関係の店は押し並べてメディアを異常に嫌っているという。毎日のように銃による凶悪犯罪が多発し、銃規制の賛成派と反対派が真っ向から対立するこの国では、銃に関する取材にとても敏感なのだ。「日本の警察トップを狙撃したテロリストの件で話を聞きたい」とでも言おうものなら、すぐに電話を切られてしまうという。

まず向かったのは、市街にある射撃場だ。それは、ロサンゼルスでも治安があまりよくない地域にある。店は灰色の建物全体が有刺鉄線で囲まれ、物々しい雰囲気を醸し出している。「パン！パン！パン！」という乾いた銃声が外にまで漏れてきている。暑さのせいなのか緊張のせいなのか、先ほどから汗が止まらない。

重たい扉を開けて中に入ると、壁一面を覆うように飾られた自動小銃やマシンガンが眼に飛び込んできた。優に一〇〇丁以上はあるだろう。どれも驚くほど大きい。わたしは本物の銃がこれだけ大量に並んでいるのを見るのは初めてであり、異様という言葉以外出てこない。受付カウンターのショーケースには、小型の銃がずらりと置かれている。わたしたちは普通の客を装いながら、店員から情報を聞き出すことにする。

「こんにちは、わたしたちは日本から来たんだけど、ここには日本人もよく来るのかしら？」

深作さんが、六〇代後半くらいの白髪の男性店員に英語で話しかける。

「そうだな、最近はそんなに来ないけど、昔は結構来ていたぞ」

彼は、銃を手入れしながら目線を合わせることなく、ぶっきらぼうに答えてきた。こういう時は一気呵成に攻めるに限る。眼で深作さんにゴーサインの合図を送る。

「九〇年代前半に、ロスに来ていた日本人ガンマンのことを調べているんだけど、この顔に見覚えはあるかしら?」

おもむろに深作さんがカバンから中村の顔写真を取り出す。男性は写真を受け取ると、黙って真剣に考え始めた。二〇年以上も前の記憶を手繰り寄せているのだろう。無数の銃声が鳴り響く中、沈黙が流れる。

「わからないな。九〇年代はものすごい数の日本人がここに来ていたからな。一人一人の顔を覚えるのは無理ってもんだ」

首を振りながら、写真を投げ返してきた。確かに、当時の日本は海外旅行ブームでアメリカの西海岸はかなりの人気だった。射撃ツアーなどで遊びに来る日本人も多かったことだろう。ここでは深追いをせず、怪しまれる前に射撃場を退散することにした。

車に戻ると、どっと疲れが押し寄せた。大量の銃や、聞いたことのない銃声の嵐にやはり緊張していたのだろう。しかし、横に座る岡部はもう次の射撃場の場所を深作さんと確認している。仕事に関しては容赦のない男だ。車はすでにハイウェイを東に向け走り出していた。


結論から言えば、その日回った五軒の射撃場のどこからも中村の情報は出てこなかった。

当時のスタッフが残っていなかったり、古い顧客リストを破棄してしまっていたりした。

予想はしていたが、二〇年という月日の壁が、思っていた以上にわたしたちの前に立ちふさがっていた。その日の夕食は、実にどんよりした雰囲気になった。ただでさえ、火が入りきっていない半生のステーキが、より冷たく感じた。

「この感じだと、射撃技術の裏付けを取るのは難しいかもしれないな。大体、アメリカ人にすれば、日本人の顔の区別なんてつかないんだろうな」

わたしは誰に言うともなく呟いた。すると、岡部が「あっ！」と急に声をあげた。

「そうだ、アメリカ人がダメなら、あの日本人に会ってみませんか⁉」

深作さんも思い出したように続く。

「そうですよ、あの人ならなにか知っているかもしれませんね！」

いったい誰のことなのか、急に元気になった二人を見て、わたしは呆気にとられていた。

## サンフランシスコ——中村を知る最重要人物

ロサンゼルスから北に六〇〇キロ。車で七時間ほどかけてたどり着いたのは、同じカリフォルニア州でも、かなり雰囲気の違う街だった。平坦な砂漠地帯に延々と都市が広がるロスとは違い、サンフランシスコは太平洋に突き出た半島に位置し、つらなる小高い丘の上に街が築かれている。必然的に坂道が多くなり、街中を縫うように走るレトロな路面電車が青い海をバックに急坂を登ってゆく様はまさに絵葉書のようだ。

わたしたちは車でアップダウンを繰り返しながら、ダウンタウンにある目的地を目指していた。

「この街に一軒しかないガン・ショップなので、間違いないと思いますが……」

深作さんが携帯で地図を開いて確認している。

われわれが向かっているのは「HIGH BRIDGE ARMS」という名の銃砲店だった。その店を経営する日本人オーナーに話を聞くためだ。

実は、これまで中村と交わしていた手紙の中に、当時アメリカで会ったことのある人物として彼の名前が挙がっていたのだ。その手紙にはこう記されていた。

〈高橋タダシ（SF市内で〝Hi Bridge〟なる鉄砲店の経営者）

私がT.Kobayashiとして渡米した初期の頃、現地の銃器関係の状況についていろいろ教えてもらいました。高齢ですので、存命か否かが危ぶまれますが〉

この手紙を基に、深作さんに調べてもらったところ、確かにその名前の店が実在することがわかった。それは、サンフランシスコに一軒だけ残っているガン・ショップで、高橋正さんというオーナーがいまも元気でやっているとのことだった。（現在は閉店）

ちなみに、高橋さんの名前は「正(まさし)」で、中村の書いた「ただし」は間違いだったが、それでも二〇年以上前に行った店や会った相手のことを覚えているあたりはいかにも中村らしい。

高橋さんとコンタクトを取ると、会ってもいいとの返事が来た。

「HIGH BRIDGE ARMS」は街の中心街にあった。ミッション・ストリートという名のその通りには美容院やカフェなどが並び、おしゃれな服装をした若者たちが歩いている。一見すると、まさかここで銃が売られているとは思えない場所だ。

古い三階建てのビルの一階が店になっている。入口は二重扉になっており、ブザーを鳴らすと刑務所のような分厚い鉄格子が内側から開けられた。重々しい扉をくぐり抜け中に入る。縦に長い独特な空間が広がっており、左右の壁一面にはハンドガンやらマシンガンやらが誇らしげに飾られている。アメリカに来てからというもの、こんな光景ばかり見ているが、わたしは一向に慣れることができないでいた。

店の奥から軍物のジャンパーを着た小柄な日本人が姿を現した。初老の年代だろうか、ヒゲをたくわえ日焼けした顔には精悍な印象が感じられる。メガネの下の鋭い眼光が一瞬でわれわれを値踏みしていた。

「こんちは！　わざわざ日本からぶっ飛んで来たんだってね。まあ、お役に立てるかわからないけど、一応話だけはしますよ。警察のトップを撃った奴なんて面白いじゃない。俺も警官なんて大嫌いだからさ！」

そう言うと、口元だけニヤリと笑ってみせた。彼が普通ではないことを理解するには、この会話だけで十分だった。

聞けば、高橋さんは、一九四四年に群馬県鬼石町（現・藤岡市）で生まれた。高校卒業後、東京の木場にある材木会社で六年間働いていたが、突然アメリカへの「海外脱出」を決意したという。

「空が青く、金髪の女たちがいて、肉やソーセージ、果物とか食い物が山と積んである。明るく楽しげな〝見知らぬ世界〟への憧れ、アドベンチャーがしたかった」

一九六八年三月、現金五〇〇ドルだけを握りしめ、横浜港から貨物船に乗り込んだ。二四歳だった。渡米すると、全米各地で缶詰工場や鉄道線路工夫などのタフなアルバイトをしながら事業を起こすための資金を貯めた。

「俺には夢があってさ。子供の頃からハンティングが大好きで、日本でも猟銃をバンバンぶっ放していたわけ。こっちでもそんな仕事がしたいなって」

そして、一九七四年にサンフランシスコで「Golden West Sports Tour」を設立。日本人を対象にハンティングツアーや射撃訓練を行う会社だった。

「当時、日本からの射撃ツアーをやっていたのはほとんどウチだけ。今はグアムとかにあるけどね。いろんなクセのある人がいっぱい来ていたよ。元自衛隊員とか傭兵とかガンマニアとか、一週間くらい滞在して、バカバカ撃ちまくっていたよ。中には銃の密輸方法を聞いてくる輩もいたりさ。変な奴が多かったけど、あの時代の日本人には元気があって面白かったよ」

さらに、ロンドン・オリンピック（一九四八年開催）の22口径ラピッド・ファイア部門で銅メダルを獲得したボブ・チャウ氏が経営していたガン・ショップを買収し、「HIGH BRIDGE ARMS」を一九八八年に設立。銃の輸出入の仕事も始め、まさにアメリカン・ドリームを摑んで順風満帆の人生かのように思えた。

しかし、トラブルは捨てたはずの故郷からやってきた。

「日本の警察に突然捕まったんだよ。うちのお客で拳銃を密輸した奴がいて、そいつが捕まったときに『高橋が主犯で、脅かされて拳銃を密輸してヤクザに売った』とか勝手な嘘をついた。おかげで日本に連れて行かれて四〇日間くらい勾留されたんだ。完全に無実なのにさ。日本の警察なんて絶対に信用できないね。今度来たらぶっ殺してやるよ！」

その後、誤認逮捕であることが判明し、高橋さんはアメリカへ戻った。二〇〇〇年代以降は日本人客の減少もあり、射撃訓練やハンティングツアーを行う会社は売却。アメリカも銃規制の気運が高まり、次々と周りのガン・ショップも閉店していったが、取材時は「HIGH BRIDGE ARMS」はサンフランシスコ最後の銃砲店として営業を続けていた。

## 中村の「射撃訓練」の痕跡を摑む

「それで、聞きたいことはなんなの？」

真っ直ぐに目を見て話す高橋さんに、わたしはカバンから写真を取り出して単刀直入に切り出した。

「この写真の男にご記憶はありませんか？　八〇年代後半から九〇年代前半に、ここを訪れたと言っています」

高橋さんの鋭い眼光が写真を捉える。

「見たことあるな……、こんな感じのやつ。メガネはかけていなかったけど。小柄な人でね、当時五〇歳くらいか。自分はアメリカの軍隊に入っているなんて言っていたよ。はったりだろうと思ったし、やたらと銃の情報を聞いてくるから覚えていたんだ。ちょっと怪しいオヤジだったね」

中村がアメリカ西海岸で活動していたのは、年齢が五〇代から六〇代にかけての頃。身長が一六〇センチ弱で小柄だという特徴も一致している。

「男の名前を覚えていられますか？」

「小林さんと言っていたかな。下の名前はわからないけど」

小林照男。それこそ中村が使っていた偽名だ。

「なにか当時の資料はありませんか？　写真でも顧客名簿でも……」

「うーん、古い話だからな。残っているとしたら営業日誌ぐらいだけど」

そう言うと、高橋さんは店の奥へと消えていった。わたしは叫びだしたい気持ちをぐっと抑えていた。中村に間違いない！　隣で相棒の岡部も興奮しているのがわかる。

「これで具体的な〝証拠〟が出てくれば凄いですね。アメリカまで来たかいがありますよ！」

祈るような気持ちで待つことにした。数分が過ぎただろうか、ホコリをかぶった昔の営業日誌を手に高橋さんが戻ってきた。

「あんたたち、ラッキーだね！　あったよ。八六年に二回来ていたね。ここに小林と書いてあるでしょ」

前のめりになって覗き込むと、そこには日本語で『小林さんと云う50歳位のおじさん。元USアーミーで銃を撃ったとか』という文字が確かにあった。

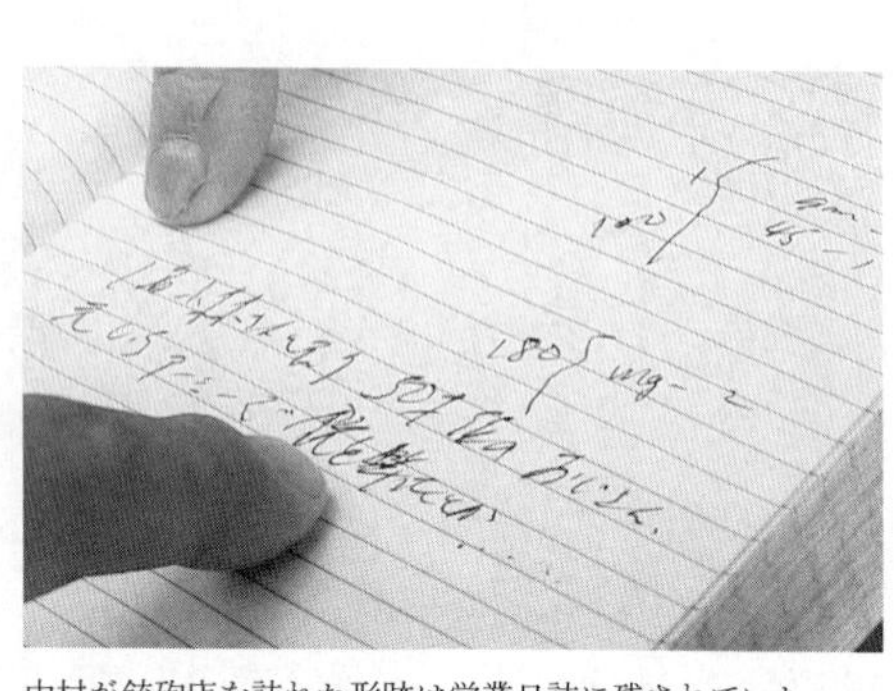

中村が銃砲店を訪れた形跡は営業日誌に残されていた

「他にもいくつかメモが残っていたな。これもそう、射撃場に連れて行ったときのだよ。面白い客だと思って書いたんだろうね」

八八年の営業日誌にも記録が残されていた。『コバヤシ一名』とある。

「基本料金は八〇ドルの射撃ツアーなんだけど、一八〇ドルのオプションで銃弾を増やしているね。３５７マグナムを三箱、三〇〇発くらいか。一般客の一〇倍は撃ってるよね」

「この小林という男について、他に印象に残っていることはありますか？」

「そうだな。とにかく真剣に射撃の訓練をしてたね。〝添え銃〟をするんだよ。壁に銃を添えて撃つの。そうすると安定してよく当たるんだ。彼はそんなことをよくやっていたね。よく銃を撃っている人だってすぐわかった。うち以外でも練習していたんじゃないかな。ロスにも射撃場はたくさんあったし」

高橋さんは、過去の記憶がどんどん蘇ってくるようで、当時の中村の様子を饒舌に語り始めていた。隣で怒濤の勢いでメモを取っていた岡部が、急に思い立ったように口を開く。

「銃は？　銃はなにを使っていたか覚えていますか？」

「パイソンですね、パイソン。当時でも一番値段が高くてね。とてもよく当たる銃だったね」

　コルト・パイソン。それこそ國松警察庁長官狙撃事件で使われた凶器ではないか。

　八〇年代後半にアメリカに渡った中村は、コルト・パイソンを用いて射撃訓練を真剣に繰り返していたのだ。高橋さんのこの重要な証言は、中村の供述を裏付けるものだった。

「ところでさ、彼はまだ生きているの？」

「はい、銀行強盗で捕まり、いまは岐阜刑務所で服役中です。無期懲役なので年齢的に、もう出てこられないとは思いますが」

「ふーん、中村って奴は面白い男だね。警察のトップを撃って、お次は銀行強盗かい。もっと話しておけばよかったよ。もし会う機会があれば、よろしく言っておいてくれ」

　高橋さんは、力強い握手をわれわれと交わすと、カウンターの奥へと姿を消していった。

　アメリカに来てから初めて摑んだ有力な情報。岡部も深作さんも興奮で顔が少し赤くなっている。しかし、追跡取材は始まったばかりだ。まだ、決定的な証拠は手にしていない。

　明日には、コルト・パイソンの入手経路を確かめるためロサンゼルスに戻らなければならない。また車で七時間もかけて大移動することを思うと、わたしは憂鬱な気分になっていた。

## 難航する「コルト・パイソン」を巡る旅

殺人事件や殺人未遂事件の捜査において、警察がもっとも重要視する証拠品が凶器だ。犯行に使われた凶器を特定し、その入手ルートを解明することは容疑者を見つけることに直結する。長官狙撃事件の捜査でも、狙撃に使われた銃がコルト・パイソンであると判明してからは、その大追跡が行われた。パイソンでも長銃身のものは生産数が極めて少ないのだから、メーカーの販売記録から持ち主をシラミ潰しに割り出す方法もあった。しかし、公安部主導の捜査本部はオウム犯行説に固執するあまりに当然やるべき捜査を怠り、銃の入手経路についてなにも証明できぬまま時効に至っている。

一方で、中村は、「銃を購入した店」や「店員の名前」といった〝秘密の暴露〟をわれわれにしている。これがもし事実ならば、中村が真犯人であるという決定的証拠になる。それを確かめるのが、次なるミッションだった。

しかし、われわれ取材班の前に、またもや時間の壁が立ち塞がった。

中村が手紙で書いてきた「銃を購入した店」であるウェザビー・サウスゲート店は確か

かつてのウェザビー・サウスゲート店

に存在していたが、すでに閉店していたのだ。さらに、「店員」のジョージ・カイザー氏についても、まったく所在がわからなかった。二〇年もの時間が経てば仕方がないことだが、正直これはショックだった。

せめて、店がどんな場所にあったのかだけでも見ておこうと、ロサンゼルス郊外のサウスゲート地区へと向かってみることにした。そこは、だだっ広い土地に平屋建ての工場が立ち並び、ヒスパニック系の人々が多く暮らしている地域だった。

「全米でも指折りの治安の悪いところなので本当に気をつけてください」

車を降りる際に、深作さんが真剣な顔つきで注意を促してくる。

サウスロサンゼルスと呼ばれるこの一帯は、地元の人でさえ決して足を踏み入れようとしない超危険地帯だ。低所得者層が多く住み、ストリートギャングがマシンガンを手に白昼堂々と歩いているような場所で、ギャング同士の銃撃戦に発展することもあり、殺人事件も頻発している。警察ですら寄り付かないという。

中村が来ていたという八〇年代後半から九〇年代初頭にかけては、いまよりもさらに治安が悪く、ほとんど無法地帯のようだったとも言われている。そんなところに、身長一六〇センチほどの小柄な日本人が来ていたとすれば、よほど肝っ玉が据わっていたのだろう。

安全第一のわれわれは、慎重に道を歩きながら、住所を頼りにしてウェザビーという名のガン・ショップがあったところへ歩いていく。

すると、そのアドレスには、赤い屋根をした大きな自動車用品店が建っていた。

中に入ってみると、横幅四〇メートルはある広々としたフロアに、自動車のパーツがところ狭しと並んでいる。屈強な体つきをしたヒスパニック系の店員たちが、いかにも場違いな土地に迷い込んだ東洋人三人組をギロリと睨んでくる。

「こんにちは。以前ここにあった銃砲店のことで、ちょっと聞かせてほしいことがあるんだけど」

このときは相棒が、店のボスと思わしき一番体の大きい男に英語で交渉を始めた。岡部は英語もある程度できる上、この手の男たちとの話がうまくできるタイプだ。

数分後、このカルロスという名の店長が取材に応じてくれることになった。彼はここサウスゲートで生まれ育ち、幼い頃から親に連れられて、ウェザビー銃砲店にもよく出入りしていたという。どうやら、この街で生きていくためには銃は欠かせない物らしい。

「どんな感じの店だったんですか？」

「LAで一番大きいガン・ショップのひとつだったよ。品揃えが良くて、少なくとも一〇〇種類以上の銃を網羅していた。スミス&ウェッソン、コルト、シックスアワー、コールド。ライフルをオーダーメイドすることもできた。あのジョージ・ブッシュ大統領や、名優のジョン・ウェインもここへ買いにきたんだぜ。八九年か九〇年くらいまで営業していたよ」

そう話すと、カルロスはレジの奥から一冊のパンフレットを取り出してきた。そこには、かつての店舗の写真もあった。白黒の写真だが、いまの自動車用品店とちょうど同じ大きさの建物に、電光式の看板で「Weatherby's」の文字がはっきりと見て取れる。

「店内には、バッファローとか熊とかライオンとか、ハンティングで仕留めた動物の剝製が飾られていて、小さな博物館みたいだったよ」

写真を見ると、店にはライオンの全身の剝製やキリンの首などが無数に置かれ、壁一面に備え付けられた棚に大量の銃が並んでいた。

「コルト・パイソンも取り扱っていましたか？」

「あったよ。リボルバーのやつさ」

「日本人も銃を買いに来てたりしましたか？」

「いいや、見たことはないね。ＬＡの地元民だけだったと思うけどな」

もし、日本人である中村が、八〇年代後半にロス郊外の銃砲店で、珍しい長銃身のコルト・パイソンを購入していたとしたら、当時の状況からしてかなり目立っていただろう。販売員と会うことができれば覚えているかもしれないし、店舗が残っていれば販売記録があったに違いないが、もうそれは期待できない。

しかし、断ち切れたかのように思えた取材の線は、まだかすかにつながっていた。

「そういえば、ウェザビーはいまオンライン販売に形を変えて、まだ残っているみたいだね。パソ・ロブレスという街に本社があるらしいよ」

## パソ・ロブレス——銃会社との〝駆け引き〟

翌日、ロサンゼルスから三〇〇キロの場所にあるパソ・ロブレスの街を目指し、ハイウェイ五号線を北上することにした。見渡す限り地平線まで続く砂の海の中を、真っ直ぐな一本道がはるか先まで続いている。いったい自分がどこを走っているのか、どれだけ前に進んでいるのか、感覚がおかしくなってくる。

「ウェザビー社への取材申請はどうだった？」

「深作さんが問い合わせをしてくれましたが、かなり厳しい状況です。彼らにとって、取材を受けてもなんのメリットもないことですから」

岡部が苦々しい顔で答える。考えてみれば当然のことだが、自分の会社が販売した銃で日本警察のトップが狙撃され瀕死の重傷を負ったとすれば、喜んで取材を受けるはずがない。

しかし、かすかに残された〝取材の糸口〟だ。どんな手段を使ってでも手繰り寄せる必要があった。われわれは、アポイントも取れぬまま、直撃取材を試みるつもりだった。


ロスを出て四時間、車窓になだらかな斜面に広がる葡萄畑が見えてきた。パソ・ロブレスはカリフォルニアの一大ワイン産地としても知られている。その田舎街の中心部にウェザビー本社はあった。小さな街に不釣り合いなほど立派な黒いコンクリートの建造物で、軍事施設のような無機質で冷たい雰囲気が漂っている。

取材クルーで話し合った結果、わたしと深作さんが中に入り販売記録を見せてくれるよう交渉し、岡部には外で待機してもらうことにした。万が一なにかがあったときに、動ける人間を外に残しておくのが定石だ。

そして、いよいよウェザビー本社へと取材に乗り込んだ——。

われわれは正攻法では説得が難しいことは最初からわかっていたので、用意しておいた「作戦」を使った。すでに日本の元捜査官たちから相当な情報提供を受けていることを明かした上で、「日本警察の情報と貴社が持つ情報に〝ズレ〟が生じないように、貴社に〝あらぬ嫌疑〟がかからないように、最低限の事実だけを確認させてほしい」とお願いをしたのだ。はっきり言えば、駆け引きをした。

その結果、会社側は「検討させてほしい」と答えてきた。本当に正式な回答が来るかどうかはわからないが、とりあえず待つことにした。

### 銃砲店元店員の記憶

再びロサンゼルスに戻って別の取材にあたることにした。かつてウェザビー・サウスゲート店で働いていた販売員に会えることになったのだ。

残念ながら、中村の書いてきたジョージ・カイザー氏は消息が不明だったが、その代わりに深作さんが別の店員を探し出してくれていた。ネットで片っ端から「Weatherby Southgate」というキーワードでサーチをかけたところ、アメリカ最大級のソーシャル・

ネットワーク・サービス「Linked In」でその人物を発見したのだ。

ギルバート・レオスさん。一九七三年から九〇年までの一七年間、ウェザビー・サウスゲート店に勤めていたという。中村がコルト・パイソンを購入したという八〇年代後半も在籍していたことになり、なんらかの情報を持っているかもしれない。

電話で連絡を取ると、高齢のため身体の調子が悪く取材に応じられるかわからないという。それでも、細い糸を手繰り寄せるためにわれわれは彼の自宅へと向かった。ロサンゼルス郊外にある、新興住宅地。同じような形をした白い二階建ての家がずらりと並び、緑の芝生が目に眩しい。いかにもアメリカの風景だ。

自宅を訪ね、ベルを押す。出てきたのは、ギルバートさんの息子だった。事情を説明しようとすると、大きく首を振って話を遮られてしまった。

「わざわざ日本から来てくれたのに悪いが、きょうは父の体調が優れないから話すことは難しい」

やはり、この事件の取材は一筋縄ではいかない。立ち塞がる壁を乗り越えたと思っても、また次の壁が見えて来るのだ。しかし、真実を知りたければ、何度でも壁を越えていくしかない。

「お父様の調子がよくなったときで構いませんので、短時間でも取材をさせていただけないでしょうか？」

何度もお願いする相棒に同情してくれたのか、息子はひとつの提案をしてきた。

「では、質問を紙に書いてくれないか？　わたしが家の中で聞いて、回答をメモしてくるよ」

どんな形でも取材をさせてもらえるならありがたい。われわれは芝生の上にしゃがみ込み、その場でいくつかの短い質問を急いで書き出していく。

・八〇年代後半に、ジョージ・カイザーという店員は実在しましたか？

・店では「コルト・パイソン」を販売していましたか？（中でも、八インチなど長銃身のもの）

・日本人で銃を購入した人物を覚えていますか？

シンプルな質問項目を書いたメモに加え、中村の写真も息子に渡した。顔を覚えていることがあるかもしれない。

「今から父に聞いて来るが、あまり期待しないでほしい」

息子はそう言うと、家の中へと入って行った。芝生に置かれたベンチに相棒と深作さんと座り待つことにする。見上げれば抜けるような真っ青なカリフォルニアの空。熱い乾いた風が身体に吹き付けている。日本からはるばるアメリカまで取材に来たのだ、できるだけのことはやりたい。

待つこと三〇分あまり。息子さんが外に出てきた。

「意外にも、父はよく話してくれたよ。ラッキーだったね」

笑顔でウィンクすると、回答を読み始めてくれる。

「父によれば、ジョージ・カイザーという人物は店に実在しており、八〇年代に父と一緒にウェザビー・サウスゲート店で働いていたらしい。それから、八インチを含む長銃身のコルト・パイソンを販売していたことも事実だと。日本人でも、現地の運転免許証さえあれば銃を購入できただろうと言っていたよ。ただ、写真の人物については、心当たりがないということだった」

わたしは、ギルバートさんの証言に衝撃を受けた。やはり、ジョージ・カイザーという人物は実在したのだ。中村は、ウェザビー・サウスゲート店という店名だけでなく、販売員の名前まで言い当てた。ロサンゼルス郊外にある銃砲店で働く従業員の名前を、どれほどの日本人が知っているだろうか。おそらく、実際に店に行ったことがある者だけだろう。つまり、中村は本当のことを言っているとしか考えられない。

「ご体調の悪い中、無理を言ってすみませんでした。ご協力に感謝します」

深々と日本式のお辞儀で礼を述べると、われわれはすぐに立ち去った。

サンフランシスコの高橋さんの証言にも驚いたが、ここで掴むことができた事実もとても重要に思えた。少しずつだが真実に近づいている気がした。帰りの車中、隣に座る岡部も同じような考えを口にした。

「まだ点と点でしかありませんが、このまま取材を続けていけば一本の線が見えてきそうですね。ウェザビー本社からはまだ回答が来ていませんが、次に行きましょう」

アメリカ取材もこれで折り返し地点。明日は、また車で長距離移動をすると相棒が話している。慣れぬ海外での仕事に疲れも出てきていたが、中村犯行説の真相を突き止めることができるならばどこへでも行こうじゃないか。

## サンディエゴ——コルト・パイソンとの対面

アメリカに来なければ、実感できなかったことがある。それは、コルト・パイソンの八インチという銃が、どれだけ希少なものであるかということだ。

今回、現地に来た目的のひとつに、実物のコルト・パイソンを自分の目で見て触ってみることがあった。そのために、岡部と深作さんはいろいろと探し回ってくれた。しかし、八インチの長銃身のコルト・パイソンには最後まで一回も出会うことができなかった。コルト社による製造が二〇〇五年で中止になっている上に、八インチはもともと製造台数が少ないのだ。相棒の言葉を借りれば、「ガンマニアがコレクション用に購入して、ガラスケースの中に大事に鎮座させておくような〝超プレミア品〟」なのである。

ガン・ショップを経営する高橋さんですら、ここ一〇年以上取り扱ったことがないと話していた。そこで、インターネット上で希少な銃を売り買いする有名サイトを調べてみると、うやうやしく箱に入れられたコルト・パイソンが二五〇〇ドルから三〇〇〇ドルもの価格で売りに出されていた。しかも、出品数は全米でもほんの数点ほどで、それも未使用であることが重要らしい。まさしくガンマニアのための銃なのだ。われわれは銃を購入する資格がないために実物を手にすることはできなかったが、その代わりに深作さんがコルト・パイソンの六インチを見つけてきてくれた。

向かったのはロサンゼルスから南に二〇〇キロ、メキシコとの国境地帯に近いサンディエゴ。アメリカ海軍の大きな基地があることでも知られている街だ。ここにいるひとりの海軍兵士が、自分のコレクションとして所有しているコルト・パイソンを見せてくれるという。

面会場所として指定された射撃場の駐車場で待っていると、約束の時間ぴったりにいかにも米兵といった丸太のような太い腕をした大男がやってきた。年齢は四〇代後半ぐらいだろうか。マイクと名乗るその白人男性は、海軍に勤務しながら銃のディーラーとしても仕事しているという。サイドビジネスとして珍しい銃の売買をしているのだ。そんな彼が自らのコレクションとして持っているのが、われわれのお目当てのものだった。

射撃場のロビーに入ると、マイクは映画で武器商人が使うようなアタッシュ・ケースをテーブルに載せ、鍵を開け始めた。

「手入れのとき以外は、めったに外に出さない銃だよ。本当は見せたくもないけどね。ただ、あんたたちの調べている事件に興味があるから協力するよ。コルト・パイソンで日本の警察のトップを撃ったんだって？　なかなかイカした奴だよな」

ニヤッと笑うと、マイクはアタッシュ・ケースの中からシルクの白い布に包まれた銃を取り出し、テーブルの上にゆっくり置いた。

「布を外して、見てもいいですか？」

「ああ、構わないよ。ただ、あんまり長い時間触らないでくれよ。手の脂がつくからな」

白い布から現れたのは、銀色に光るリボルバー（回転式銃）。コルト・パイソンの六インチだ。わたしは、生まれて初めて本物の銃を手にした。想像以上にデカくて、ゴツく、そして重い。実際は二キロもないらしいが、鉄の手触りといい鈍い銀色といい、ダンベルを持っているようなずっしりとした感覚だ。横で見ていた岡部が、待ちきれないとばかりにわたしから銃を奪い取る。

「やはり、普通の四インチくらいのリボルバーと比べると、銃身がかなり長く感じますね。しかも、六インチでこの重量感ですか。八インチだったらもっと重いでしょうね」

海外で何度も射撃場に行ったことがある相棒からしても、やはりこの銃の大きさと重さは特別らしい。わたしは、マイクにこの銃の特徴を尋ねた。

「コルト・パイソンは、二〇世紀でもっとも作り込まれた拳銃のひとつだ。車で言えばキャデラック、時計で言うならロレックスだな。高価な上に、希少価値がある。まさにコレクターズ・アイテムさ」

「品質もいいんですか？」

「とても精巧に作られていて、正確に標的を撃ち抜くことができる。競技用にも使われるくらいだからな。しかも、357マグナム口径で強力だ。けたたましい音を立てて弾を発射するから普通の奴じゃ怖気づいて扱えないだろうな」

得意げに語るマイクに、さらに質問を重ねる。

「この銃を扱うためには、どの程度の訓練が必要なんです

コルトパイソンの6インチ

か？」

「オレは軍隊に入って二〇年以上は銃を扱っているから問題ないが、一般人が熟練するには二、三年はかかるんじゃないか」

「われわれが調べている事件では、二一メートル離れたところから歩いている標的に四発中三発を命中させています。この技術についてどう考えますか？」

「素人でないことは確かだな。繰り返すが、最低でも二、三年の定期的な訓練が必要だ。実際に自分で撃ってみたらよくわかるよ。どうだ、やってみないか？　少しだけなら試させてあげよう」

そう言うと、マイクはわれわれを室内の射撃スペースへと案内してくれた。

**コルト・パイソンを撃つ**

生まれて初めて銃を持った数十分後に射撃までをすることになるとは思わなかったが、取材者として〝犯行に使われたものと同様の銃〟を使ってみることでわかることがあるかもしれない。ハリウッド映画で見るのと同じような暗くて天井の低い室内射撃場に入ると、マイクからゴーグルと耳当てを渡された。まずは射撃の指導を受ける。右手と左手をどのように使って銃を構えるのか、肩や腕を向ける方向、目線と照準の合わせ方、どの指で撃鉄（ハンマー）を引くのか。思っていた以上に、やることが多い。正直、銃を撃つことがこんなに大変だとは知らなかった。

國松事件と同じ、二一メートル離れた位置に、人型の紙の標的を置いて撃つことになった。銃を構えると、手が震えている。緊張感もあるだろうが、銃身が長くて重いためにどうしても先端が下がってしまい、それを補正しようと力を入れると震えてしまうのだ。なんとか照準を合わせて、引き金に指をかける。次の瞬間、鉄板を地面に叩きつけたような大きな破裂音が室内に鳴り響き、反動で銃身の先は天井の方を向いてしまっている。弾丸は標的の紙にすら当たっていないようだ。

マイクが、いくつかの修正点をわたしに伝えてくる。

「もっとしっかりグリップを握るように！　銃身が跳ねているから、力で抑え込め！　照準は狙う場所より少しだけ下にしてみるといいぞ」

言葉では理解できても、感覚として身体が動かない。

ぎこちなく撃鉄を引いて二発目、三発目を撃つが、やはり当たらない。続けて撃とうとしても、そのたびにいくつもの動作をやり直すために時間がかかってしまう。四発目を撃つときには手が衝撃でしびれてしまい、頭も疲れ始めていた。五発目、六発目のどちらかが、かろうじて標的の紙の端の辺りをかすめたように見えた。

「実際に撃ってみると、この銃の難しさがわかるだろう？　長銃身は慣れてくると正確に当てられるようになるが、そのレベルに達するまでには時間がかかる」

空になった薬莢を取り出しながら、マイクが話す。

「中村という奴が真犯人なら、必ずどこかでトレーニングしてたはずだよ。そこらへんの素人や、日本の警察官ぐらいじゃ、この銃をいきなり使うのは無理だね」

マイクの言葉を聞きながら、わたしはこの事件の特殊性を改めて感じていた。

どう考えてみても、犯人がオウムであることはあり得ないように思えた。武装化を狙ってロシアから銃を密輸しようとするもうまくいかず、手作りで銃を作ろうとしていた教団が、どうやってこんな特殊な銃を手に入れたのか？　もしオウム信者が犯人ならば、いつどこで定期的な射撃訓練を行っていたのか？

取材を進めれば進めるほど、オウム犯行説から遠ざかっていくかわりに、中村犯行説は、迫力を増していた。なにしろ、高橋さんの証言によって、中村がコルト・パイソンを使って射撃訓練を繰り返していたことは間違いないのである。

## ナイクラッド弾の謎

國松事件について、前々から思っていた疑問がある。なぜ、犯人は「ホローポイント式のナイクラッド弾」を使ったのだろうか。

國松長官への強い殺意から、殺傷力のあるホローポイント式を用いたとすればそれは納得がいく。しかし、ナイクラッド弾を選んだ理由がよくわからない。そもそもナイクラッド弾とは、アメリカの「フェデラル・カートリッジ社」が警察などの法執行機関のために開発した〝訓練用の銃弾〟だ。

通常の弾丸は、弾の先端部分が鉛でできており、銃を発射すると火薬の熱でその鉛がガス化して周辺に飛び散る。射撃訓練は室内で行われることが多いが、大勢の人間が数百発、数千発と射撃を続けていると鉛のガスが充満してしまい、それを吸い込んだ射撃者に健康被害が出てしまうのだ。そこで、それを防ぐために弾頭をナイロンでコーティングしたのが、ナイクラッド弾なのだ。つまり、あくまでも練習用の弾なのである。

もし、中村が真犯人であるとすれば、なぜあえてナイクラッド弾を選んだのだろうか。異常なまでに銃器にこだわりを持つあの男が、殺傷力があがるわけでも正確性があがるわけでもない弾をコルト・パイソンに合わせたとすれば、彼なりの考えやこだわりがあったはずだ。

わたしはそのことも彼に手紙で問いただしていた。すると、返ってきたのは、意外な答えだった。

〈アメリカでは銃弾のメーカーや発明家などが殺傷効果を高めたと称する特異な実包を開発していますが、実は私にも致死弾の構想がありましてその母体として加工に適すると思われたナイクラッド弾を入手しておいたのです（ただし、この構想は実現できませんでしたが）〉

〈ナイクラッド弾は一般のガン・ショップには置いてありませんので、たまたまガン・ショウに出品されていたのを見付けて購入しました〉

〈製造時期がやや古いもののようでしたが、試射してみたところでは特に異常はなく、またパイソンとの相性もよかったので、VIP狙撃作戦に用いることにしたのです〉

中村の言葉には説得力があった。わたしが抱いていた疑問に、十分すぎるほどの答えを投げてきたように思えた。パスポートや住民票を自らの手で精巧に偽造するほど工作技術に優れていた中村は、銃弾さえもより強力で致死率の高いものに改造しようとしていたのだ。それには、弾頭がナイロン加工されたナイクラッド弾が適していたのだろう。

実際にアメリカでは、驚くほどの多くの「改造弾」が違法に売られている。火薬の量を増やしたり、種類を変えたりすることで致死率の高いものに改造しているのだ。それ専用の職人さえいるという。

「アメリカのガン・ショウで購入した」という中村証言さえ証明できれば、またひとつ重要な証拠を手にできるはずだ。

## アリゾナ――ナイクラッド弾を追え！

そこはまさに〝灼熱の砂漠地帯〟という言葉がふさわしい場所だった。

見渡す限りの茶色い色をした荒涼とした砂漠に、巨大なサボテンがポツポツと立っている。気温は四五度を超え、地平線に蜃気楼が揺れている。いったい何時間、この変わりばえのない景色を車窓から眺めていることだろう。海岸部のカリフォルニア州から、内陸部のアリゾナ州への長時間移動。高速の途中にあったマクドナルドでハンバーガーを二つ無理やり腹に詰め込んだ以外は、七、八時間は車に乗っているだけだ。エアコンをフル回転にしているが、それでも車内はうだるように暑い。

われわれが次に向かう先は、アリゾナ州の州都フェニックス。南北戦争の後、砂漠のど真ん中に開拓者たちが作った街だ。一九三〇年代にあの有名なフーバーダムが建設されて無尽蔵の電力が供給されるようになって以来、軍事産業やエレクトロニクス産業で発展してきた。

中村は、かつてこの街を何度も訪れていたという。アリゾナの砂漠での軍事キャンプに参加したり、ここで開かれる「ガン・ショー」と呼ばれる武器の展示会に行っていたのだ。

手紙の中で中村は、犯行に使用したナイクラッド弾は九〇年代前半にアメリカ西部のガン・ショーで購入したことは覚えているが、どこのガン・ショーだったかは忘れてしまったと答えている。そこでわたしたちはまず、当時のアメリカのガン・ショーの状況を調べることから始めた。すると、世界的な銃器メーカーが出展する見本市のようなものから、ガン・ショップが参加する即売会、武器マニア向けの小規模なものまで年間に一〇〇〇件以上もの展示会が全米で開かれていることがわかった。これでは、西部のものに限ったとしても、どこで購入したのかを特定することは不可能だ。

しかし、相棒の岡部は執拗に調べ上げていくタイプだ。注目したのは偽造パスポートの入国スタンプだった。証拠品として警察に押収された後に、コピーだけが中村に返還されていたものを本人から借り受けて、九〇年代前半の渡航時期を洗い出し、その時期に西部で開催されていたガン・ショーをリストアップしていった。さらに、中村が行きそうな「大規模で本格的なもの」や、「銃弾を豊富に取り扱っているもの」を探っていったところ、アリゾナ州フェニックスのガン・ショーがもっとも条件が合うとわかったのだ。われわれは、その展示会に潜入取材することに決めた。

会場は、街の中心部にある巨大なスポーツ・スタジアムだった。屋根がドーム状になっている。普段はバスケットボールなどのスポーツの試合が行われている建物の中で、大量の武器が販売されているとは奇妙でならない。駐車場にはすでに数百台もの車が停まっている。かなり人気のようだ。

わたしたちも会場へ入ることにする。車のドアを開けた瞬間、すさまじい熱風が体に押し寄せてきた。

「乾燥しているからわかりづらいですが、気温四〇度以上ですから、十分に気をつけてください」

深作さんの言葉にうなずきながら、すでに頭がクラクラしている。陽射しでフライパン状態になっているアスファルトの上を歩いてスタジアムへと向かう。足の裏にいまだ味わったことのない熱さを感じる。中村もこの灼熱の大地を二十数年前に歩いていたのだろうか。

「何回もお話ししていますが、アメリカの銃社会はメディアを敵対視しています。あくまでも一般客として話を聞くだけにしましょう。取材とわかると、厄介なことになります」

毎日のように聞かされ続けている台詞を深作さんがまた繰り返している。入場するにはチケットが必要とのことで、一人あたり一〇ドルほどで購入する。入口付近には、アイスクリームやホットドッグなどの屋台がならび、まるでなにかのお祭りが行われているよう

スタジアムの中で開かれるガン・ショー

だ。
　しかし、ゲートをくぐりスタジアムの中へと入った瞬間、目を疑うような光景が飛び込んできた。バスケットボールのコートに、一〇〇以上の小さなブースがひしめき合っている。展示されているのは、すべて武器だ。拳銃、マシンガン、手榴弾、ロケットランチャー。一九世紀のアンティークの銃もあれば、最新のものと思われるスコープ付きの狙撃銃もある。出展する側も客もほとんどが白人で、優に五〇〇〇人以上はいるだろうか、超満員だ。驚くのは子供を連れた家族連れや老夫婦が皆笑顔で武器を見て回っていることだ。武器の愛好家なのだろうか。銃社会のアメリカとはいえ、正直その光景は不気味としか言いようがない。
「奥の方に、銃弾を専門に扱う店がいくつかあります。行って話を聞いてみましょう」

岡部が案内図を見ながら早足で会場の奥へと向かっていくのに付いていく。人混みをかき分けるように二、三分ほど進んでいくと、目的のブースが見えてきた。横幅一〇メートル、高さ三メートルはありそうな大きな金属の棚に、小さな箱が数百個ほど積み上げられている。まるで医薬品を扱っている薬局のようだが、中身はすべて実弾だ。どうやら、この店は銃弾を扱う老舗の問屋らしい。中村がここに来ていた当時も出展していた可能性が高い。深作さんに目で合図を送り、店主と思われる白髪の老人に何気なく話しかけてもらう。

「すみません、ちょっと聞きたいことがあるんですけど。ホローポイント式のナイクラッド弾は取り扱っていますか？　フェデラル社の製品を探しているんですが」

店主の中年男性は、一瞬だけ不思議そうに目を細めた後、いかにも親切そうな笑顔を浮かべて答えてくれる。

「お嬢さん、面白い物を探しておいでですね。でも、残念ながら今は取り扱っていません。昔は置いていたんですがね」

「どれくらい前まではあったんですか？」

「八〇年代後半から九〇年代前半まではよく販売していました。フェデラル社の製品ももちろんありました。先端がコーティングされているもので、射撃練習用に買う人たちが結構いました。普通の銃弾よりも高価でしたが、なかなか人気がありましたね」

われわれはいきなり、國松長官事件の犯行に使われた〃特殊な銃弾〃と同じものを販売していた店にたどり着いてしまった。それも、中村証言を辿った結果だ。九〇年代前半のガン・ショーでは、確かにあの銃弾が販売されていたのだ。念のため、われわれは中村の写真を店主に見せてみた。

「わからないですね。アジア人のお客さんは珍しいですが。一人一人のことは覚えていませんから」

店主の言う通り、余程のことがない限り二〇年以上前の客を覚えているわけがない。

われわれは、手分けをして他のブースにも聞き込みをすることにした。その結果、当時フェニックスのガン・ショーで、フェデラル社のホローポイント式・ナイクラッド弾を扱っていた店が複数あったことが判明した。しかし、残念ながら中村のことを覚えている者はいなかった。ただ、ある店員はとても重要な話をしてくれた。

「九〇年代前半まではガン・ショーでなんでも手に入れることができたよ。改造用の銃弾なども数多く出回っていたし、それ目当てのマニアも大勢来ていたね。その中村という男が、改造用にナイクラッド弾を買っていたとしてもなにも不自然なことはないね」

## 消えたナイクラッド弾の行方

アメリカで、銃や銃弾の入手ルートの裏付けに奮闘する中、日本のテレビ朝日のスタッフから電話連絡が入った。中村から新しい手紙が来たというのだ。その内容をすぐにスキャンしてもらいメールで送ってもらうと、そこには新たな情報が書かれていた。

〈ガン・ショーで購入したナイクラッド弾は、ロサンゼルスにある「A-American Self Storage」という名の貸倉庫に預けていたが、自らが銀行強盗で逮捕された後は賃料が振り込めなくなり契約が解除されてしまったようで、倉庫の中身はどこかに売り払われたらしい〉

というのだ。中村はその貸倉庫の部屋番号「ロットナンバー580」から、「10階建てくらいのビル」という建物の特徴まで、正確に覚えていた。

さっそく、われわれは住所を調べて、そこへと向かうことにした。

ロサンゼルスの中心街から少し外れた場所に、その奇妙な八階建てのビルはあった。灰色のレンガ造りの建物に、正方形の形をした窓が無数に並んでいる。しかも、すべての窓は黒く覆われていて鉄格子がついている。そこだけ見れば刑務所を連想させる建物だった。一階部分だけは普通のオフィスになっており、そこに「Public Storage」という貸倉庫会社らしい看板があった。中村が言っていたのとは別の名前だ。

中に入って話を聞いてみると、どうやらもともと「A-American Self Storage」という会社だったところが買収されて名前が変わったらしい。中村の証言はまたここでも正確だった。その記憶力には、本当に脱帽だ。受付にいる若い女性に、当時のことを知っていそうな古株の人を紹介してもらえるよう頼み、連絡先を渡して立ち去ることにした。


その日の夜、ホテルで休んでいると「A-American Self Storage」の元メンテナンス部長だという男性から連絡が来た。ジョーという名前の彼は、取材にとても協力的だったので、われわれはそのまま電話取材を始めた。

「二〇〇八年まで日本人が借りていた、ロットナンバー580の貸倉庫についてお話を聞きたいのですが」

「ああ、あの部屋のことはよく覚えているよ。賃料が払われなくなって中身を処分するために鍵を開けたら、中から大量の武器・弾薬が出てきたからね。その対応で本社職員のわたしが呼び出されて現場に行ったんだ。見たときは本当に驚いたよ。倉庫に銃を保管しておく人はいるが、あそこまでの数を見たのは後にも先にもあのときだけだった。『こいつは、戦争でもするつもりだったのか!』と皆で話したのを覚えているよ」

「どれくらいの銃や弾丸があったのですか？」

「一〇丁くらいのいろいろな銃があったね。38口径のピストルや、リボルバーで銃身がすごく長いものもあった。実弾もかなり置いてあった。それと、五ガロン（約二〇リットル）の大きなバケツ二個に空の薬莢がたっぷりと入っていたよ。きっと彼は『リローダー』だったんじゃないかな？　弾丸を工作するための工具やロットも中に揃っていたよ」

リローダーとは、空の薬莢に火薬をリロードして（詰め込み直して）使う人々のことだ。弾丸を改造して使うガンマニアたちがよくやることらしい。

「ひとつ、重要な質問をさせてください。倉庫の中に、ナイクラッド弾はありましたか。フェデラル社のホローポイント式のものです」

「断言することはできないが……あったかもしれないね」

わたしは、深作さんの通訳を聞きながら思わず椅子から立ち上がった。中村が借りていた貸倉庫からは大量の銃や銃弾が出てきた上に、國松長官狙撃事件で使われたホローポイント式のナイクラッド弾まであった可能性があるのだ。それがまったく同型のものだったとしたら、なによりの証拠になる。ジョーに質問を続けた。

「倉庫にあった銃や弾丸はどうしたのですか？」

「通常、借主の支払いが滞納され続けた場合はこちらから強制的に契約解除して、倉庫の中身をすべてオークションにかけます。少しでも滞納していた契約金を取り戻すためです。あのときもそうでした。わたしの記憶が確かならば、ガン・ショップにすべて買い取ってもらったと思います」

「その店の名前はわかりますか？」

「ちょっと覚えてないですね……。わたしはもう辞めてしまっているし、倉庫も別の会社のものになってしまっているから。記録は残っていないかもしれないですね」

このガン・ショップの名前さえわかれば、あの事件に使われた弾丸がまだあるかもしれない。われわれはそんな期待を胸に、ジョーにお礼を告げて電話を切った。もうすぐそこに答えが待っているような気がして、その日はなかなか寝付けなかった。

その後、追跡取材によりガン・ショップの店名が判明した。しかし、残念ながら弾丸は見つけられなかった。ガン・ショップはすでに中村の持っていた弾を転売してしまっていた上に、もう持ち主はわからないというのだ。ここまで辿ってきた有力な線が、最後の最後で途切れてしまった。全身から力が抜けていくのを感じた。

われわれが日本に帰国する日も目前に迫っていた。

## 決定的証拠

アメリカ取材も残りわずかとなっていたある日、昼食にベトナム料理屋でフォーを食べていると、深作さんのパソコンに一通のメールが入ってきた。それを横目で見ていた岡部が突然席から飛び上った。

「清田さん、来ましたよ！　ウェザビー本社から回答が来ましたよ！」

本社を訪れて以来、なんら音沙汰のなかったウェザビー本社から、ついに正式な回答が送られてきたのだ。ここに、その翻訳を掲載する。

「テレビ朝日様

カリフォルニア州サウスゲートにあるかつて弊社が運営していた店舗で日本人が銃を購入していたことに関するお問い合わせについて回答します。

確かに、テルオ・コバヤシという名の人物が、われわれから銃を購入していました。

ウェザビー社としては、購入者の身元や法的資格を確認するためにすべての適法かつ合法的に必要な手順を行った上でのことでした」

なんと、ウェザビー社は、テルオ・コバヤシの偽造免許証を

purchase firearms in the U.S. w
r files contain no reference to a
ut yes, Teruo Kobayashi was th

pe this helps.

ウェザビー社からの回答文面

使っていた中村がコルト・パイソン・八インチを購入したことを正式に認めたのだ。これは、誰がなんと言おうと〝決定的な証拠〟である。國松警察庁長官の狙撃に使われた世界的にも希少な銃を、中村が所有していたことが立証されたのである。これ以上の証拠があるだろうか?

アメリカの〝銃社会の壁〟や〝二〇年という時間の壁〟を乗り越えて、大変な思いで取材を続けてきたからこそ、われわれの感動は格別だった。

しかし、ウェザビー社の回答に書かれていた次の言葉を読んだ瞬間、わたしは複雑な心境になってしまった。

「数年前、我が社は日本の警視庁にも全面的に捜査協力しました。調査に必要な資料のコピーも提供しました」

やはり、警視庁刑事部も同じ裏取り捜査を行っていたのだ。彼らもまた〝動かぬ証拠〟を摑んでいた。にもかかわらず、結果的には中村を逮捕できないまま事件を時効入りさせてしまったのだ。いったいなぜ、そんなことになってしまったのか?

そうしたことを考えると、この取材はまだまだ終われないという思いが強く込み上げてきた。中村が真犯人であるとすれば、なおさらなぜ捕まえることができなかったのか、その本当の理由を知りたいのだ。

# 第五章　再検証・オウム犯行説

## 妨害された中村捜査

日本へと帰国したわたしと岡部は、捜査官Xにアメリカ取材の報告を兼ねて再会することにした。警戒心の強いXの性格を考慮して、静かな居酒屋の個室を予約しておいた。待ち合わせ時間ぴったりに店に現れたXは、物音ひとつ立てずに、滑るように部屋に入ってきた。

わたしたちは、生ビールで乾杯すると、早々に話を始めた。

ウェザビー本社がコルト・パイソンを販売した事実を認めたことや、サンフランシスコの高橋さんの証言、貸し倉庫の元社員の証言などの取材の成果を伝えた上で、中村犯行説への確信を深めたことを伝えた。

Xは話を聞きながら、終始満足そうな顔を見せながら頷いていた。そして、こんな言葉をかけてきた。

「よく取材されてきましたね。これで、中村が真犯人だとわかったでしょう。でもね、清田さん、岡部さん。われわれ中村捜査班の裏取りはそんなものじゃないですからね。皆さんの一〇〇倍はやっていますから」

いかにも自信家のXらしい、少し嫌味のある言い方だが、きっとその通りなのだろう。

実際に、彼らはアメリカでも地を這うような捜査を展開していた。二〇〇七年には二週間ほど現地に赴き、カリフォルニア州の警察と協力しながら徹底した裏付けを取っていた。中村が購入したコルト・パイソンについても、シリアルナンバーや製造年度、販売された正確な日時まで、すべて調べ上げていたのだ。

だからこそ、どうしても聞きたいことがあった。

「こんなことを改めて聞くのも失礼なのですが、ここまでの証拠や証言が揃っていたにもかかわらず、なぜ中村を逮捕できなかったのでしょうか？」

質問の瞬間、Xはこれでもかというくらいに顔をしかめた。思い出したくもない過去のトラウマに触れられて、苦い記憶がフラッシュバックしてしまったようだった。一瞬にして空気が凍りつくのがわかった。

重々しい沈黙が一〇秒ほどは続いただろうか、ようやく彼が口を開いた。

「誰がどう考えても、中村は逮捕されるべきでした。われわれも逮捕のために全力で動いた。それを妨害したのは、他ならぬ公安部と警察の上層部です。中でも、米村さんの存在は大きかったです」

Xが名指ししたのは、事件が時効入りしたときに警視庁のトップに君臨していた米村敏朗警視総監だった。二〇〇一年から〇三年は公安部長として、〇八年から一〇年は警視総監として國松事件の捜査を長く指揮してきた人物だ。当時、捜査の最高責任者と言ってもいい。

「米村さんがオウム犯行説に固執するあまり、中村を逮捕させてもらえなかったんですよ。もし中村が真犯人だとわかれば、これまでオウムを犯人と決めつけていた自分たちの捜査が間違いだったと認めることになりますからね」

「そんなことが、本当にあるんですか?」

にわかには信じられないような話に、わたしも思わずヒートアップする。

「いくら警視庁のトップでも、ここまで証拠が揃っている中村のことを、もみ消すなんてことがありえるんですか?」

相棒も質問を重ねると、捜査官Xは大げさに首を横に振ってみせた。お前たちはなにもわかってないとでもいうように。そして、怒りを堪えるように、あえてゆっくりと語り始めた。

「わたしが、中村の供述調書を初めて米村さんに見せたときの反応を教えましょうか。もう、読みながら大声で怒鳴りまくっていましたよ。『なんで、中村にこんなことわかるんだ!』『こんなことあってたまるかよ!』ともう完全に取り乱していましたから」

「そんなに狼狽したんですか?」

「米村さんは、横にいた公安部長に『こんなこと、あってたまるかよ！　なあ!?』と同意を求め、公安部長は『その通りでございます』なんて言っていましたね……その瞬間、この組織は絶対に間違っていると思いましたよ。米村さんがトップでは絶対にこの事件は解決できないと悟りました」

もはや、ここまで生々しいやりとりを聞かされると、信じられないような話を信じるほかない。

「この日から、彼らはあからさまに捜査の妨害をしてきました。例えば、アメリカの貸倉庫に中村が預けていたナイクラッド弾があるでしょう？　あれをわれわれは大追跡して、現在の所有者を特定したんです。そして、もちろん差し押さえをしようとした。すると、突然、上から命令が来て、『銃弾は押収するな！　ただちに帰国しろ！』ですよ」

あの〝特殊な銃弾〟を発見できたとしたら、超一級の重要証拠品となるはずだ。それを、「押収するな」という指令が出ていたというのだ。これは、衝撃的なことだ。

「妨害の話はいくらでもあります。例えば捜査会議で、われわれが中村の報告をするでしょう。すると、米村さんはわれわれの話をちゃんと聞きもせずに、報告書に大きな×を書きながら『違う！』『これも、違う！』と怒鳴るだけですよ」

「そこまで露骨なんですか？」

「われわれ中村捜査班の部屋を直接訪れて来たときも、『捜査はしていい！　ただ、逮捕は絶対に認めない！』とはっきりと言っていたくらいです。最終的には、われわれの席の横に、中村捜査班を潰すためだけの班まで作ってきましたから」

わたしは、全身に鳥肌が立つのを感じていた。

国家警察のトップが狙撃されるという世界の犯罪史上でも例のないテロ事件にもかかわらず、警察幹部のプライドや面子を保つためだけに真実が葬られたというのか。真犯人に限りなく近い人間を見つけておきながら、捕まえることなく野放しにしたというのか……。

これが真実だとすれば、許されざる暴挙であることは間違いない。もはや「犯罪行為」と言っていいかもしれない。わたしは、強い憤りを感じた。

## ミトコンドリアDNA

隣にいた相棒は、わたしが興奮しすぎているのに気がついたのか、冷静に別の角度から質問をぶつけた。

「逆に、米村さんや公安部がオウム犯行説を頑なに主張する根拠はなんだったんですか？それだけ言うならば、なにか重要な物証があったはずですよね？」

Xが即座に答える。

「断言しますが、オウム犯行説の物証はなにもありません。もしあれば、とっくに公表していますよ。犯行に使った銃に関しては、購入ルートの見当すらついていない。共犯者と言われたオウム信者も、全員が全否定でしょ」

「では、確固たる根拠もないまま突っ走り続けたんですか？」

「強いていうならば、オウムだと動機がわかりやすかった。それと……例のミトコンドリアかな」

実は当時、公安部は、事件現場に遺留された韓国のウォン硬貨からオウム信者の男のミトコンドリアDNAを検出したと発表していた。そして、これこそがオウム真理教による組織的な犯行である決定的な証拠だと主張したのだ。しかし、実際のところ、ミトコンドリアによるDNA鑑定は精度がかなり低いというのが定説だ。およそ二〇〇人に一人の割合で一致してしまうという。この計算だと、日本人に限っても約六二万人が容疑者となることになる。そんなものが、犯罪捜査の重要な証拠になるわけがない。

「あるとき、米村さんから直接言われたんです、『オレは犯人を知っているんだ！　決定的な証拠を持っているんだ！』とね。それがミトコンドリアのことだとしたら、警察官として本当に恥ずかしい話ですよ」

わたしと相棒は思わず顔を見合わせた。こんな馬鹿な話があるだろうか？

つまり、米村氏主導のもと、警視庁公安部はなんの物証もないまま「オウム犯行説」を押し通して、「中村犯行説」を黙殺して時効入りさせたというのだ。あまりにも酷すぎる話だった。

帰り際、店を出て別れを告げようとすると、捜査官Xは思わぬ言葉をかけてきた。

「お二人に、われわれ中村捜査班のことを話せて本当によかった。部下たちが血眼になってホシを割り出して、長い時間をかけてようやく口説き落として、泥まみれになって裏取りもした。にもかかわらず、身内の保身のためにもみ消されたんです。警察官として、こんなに悔しいことはないですよ。こんな悔しいこと……」

夜の街の明かりに、Xの目はわずかに潤んでいるようにも見えた。

その屈辱は、ここまで追跡取材を続けてきたわれわれにも痛いほど伝わってきた。彼らに代わって、事実を伝えなければならないという使命感が湧き上がってきた。ただし、われわれはジャーナリストだ。伝えるのは「事実」でなければならない。そのためには、オウムを追い続けた米村氏や公安部の意見をもっと聞く必要性を感じ始めていた。

## 公安部からの取材拒否

わたしたちは、警視庁公安部に正式に取材を申し込むことにした。警視庁記者クラブを通じ、「一九九五年に起きた國松警察庁長官狙撃事件についての取材をさせてほしい。当時、捜査を担当した、しかるべく方にインタビュー取材をさせてほしい」との文書を出した。

彼らがなにを捜査し、誰から証言を得て、どんな証拠を摑んでいたのか。あくまでも、ジャーナリストとして公平に話を聞くつもりだった。正直に言えば、「オウム犯行説」の知られざる真実が出てくることも密かに期待していた。莫大な税金と一五年もの歳月をかけ、延べ四八万人の捜査員を投入したのだ。オウムを犯人と決めつけ、時効会見で犯人と〝断定〟しただけの「根拠」を示してほしかった。

しかし、結論から言えば、取材はあっさりと拒否された。

それも、「時効が成立している事件であり、お答えはできない」という、短い一言で片付けられてしまったのだ。直接のインタビューがダメならば、書面での回答でも構わないとお願いしたが、それさえも拒否された。まったく取りつく島がない対応だった。

## 公安部が作成した「中村否定資料」

公安部から一切の協力を断られた以上、わたしと岡部は取材のやり方を大きく転換することにした。考えたのは、過去に警察を取材してきた膨大なメモや、独自に入手した捜査資料を読み込んで分析しながら、関係者を地道に見つけ出してインタビューしていくという方法だった。

いったいなぜ、公安部は「オウム犯行説」に突き進んでいったのか？　なぜ、「中村犯行説」をばっさりと切り捨てたのか？　彼ら（公安部）に代わって妥当な「根拠」を探し出し、論理的に証明していくという〝皮肉な作業〟に取り掛かることにした。

そこでまず注目したのが、公安部が作成した極秘の捜査資料である。

タイトルは「中村の容疑性について」。これは米村氏の肝いりで、刑事部の中村捜査班を「否定するためだけ」に公安部が作成したものだという。四〇ページ以上にわたり、「目撃人台」や「供述の整合性」などを検証し、その矛盾点を列挙した上で、「被疑者の可能性は極めて低い」と結論づけている。

正直、わたしから見れば、いかにも〝結論ありき〟で中村供述のあらを探し出して、重箱の隅をつついているようにしか思えない。しかし、そうは言っても、捜査本部が最後まで中村逮捕に踏み切れなかったのは、こうした小さな矛盾点を潰しきれなかったことにあるのかもしれない。公安部は、主に次の「五つの点」において、事実と異なると考えていた。捜査資料からそのまま書き写していこう。

①目撃の人台と異なること

・目撃人台年齢三〇〜四〇歳位、身長一七〇〜一八〇センチ、中肉又はやや痩型
・中村泰当時年齢六四歳、身長一六一センチ、痩型

②四発目の狙撃が現場の状況と異なること

中村は「四発目は長官公用車の前方に停車していた警察車両から、飛び出して来た警戒員に対し、威嚇の意味で撃ったものである。四発目の照準は警戒員の動きに合わせて移動していき、引き金を引く瞬間に銃の動きを止めたので、警戒員の後方をわずかにずれて通過する結果となった」と供述している。しかし阿部運転手の「四発目が少し間隔をおいてあり、Eポート植込みの角とEポートとFポートの間の通路に砂塵が上がった」との供述と、被害者直近の植込みタイル角の破損状況から、四発目は同タイル角に当たったものと認められる。尚、発生時警戒員三名の供述によれば、四発目の発射時点では、いずれの警戒員もまだ外周歩道上であり、アクロシティ施設内に入っていない。

③狙撃した際の被害者と秘書官の状態が中村供述と異なること

中村は秘書官の行動について、「長官をうつ伏せで倒れたままの状態で植え込みの陰に引き込んだ」と供述しているが、秘書官は、伏せて倒れた長官を仰向けにして引き込んでいる。

④中村供述中の長官公用車の出迎えルートが事実に反していること

中村は、三月三〇日、長官公用車はアクロシティへの進入に際し「若宮八幡通りを通ってきた」と供述しているが、当時、同所は供述とは逆の一方通行の道路であり、平成一四年二月から三月にかけての道路拡張工事により、一方通行が解除され相互通行となったことから、発生時は若宮八幡通りからの到着はあり得ない。

⑤現場遺留コインから検出されたDNAの型が、オウム信者のものと一致していること

現場遺留韓国コインの表面付着物採取粘着テープから主体成分として検出されたミトコンドリアDNA―HV1型（223T-224C-245T-292T-362C）と、オウム信者新山丈治（仮名）のミトコンドリアDNA―HV1型が一致している（確率九三二分の四）。一方、中村は狙撃直前にアクロシティFポート内の空間方向へ硬貨を放り投げた旨供述しているが、同人のミトコンドリアDNA―HV1型（95T-209C-223T-362C）と鑑定により検出されたミトコンドリア型とは異なることが判明している。

われわれがいま冷静に読み返してみると、あまりに鑑定精度が低い⑤の「ミトコンドリアDNA」はともかくとして、①から④についてはどれもそれなりの説得力があるようにも思える。

「目撃人台」と中村はかなり違うタイプであるし、「警戒員の位置」や「長官の体勢」は

事件現場にいた真犯人ならばわからないとおかしい。「長官公用車の出迎えルート」を中村が間違って供述しているとすれば、大きな疑惑も生じる。

だとすれば、真実はどこにあるのか。それを突き止めるためには、中村本人に話を聞くしかない。

## 中村からの反論

わたしは再び手紙を書くことにした。今回の質問は、中村を詰問しているようで挑発的な感もあったが、あえてそのままストレートに書いた。

すると、以下の返信が戻ってきた。やはりというか、文面から中村が少し苛立っているのが伝わってくる。

〈ご挨拶は省略しまして、早速ご質問への回答を記します。

まず、質問そのものが甚だ答えにくい形になっています。公安部が単に事実と違うと言っているだけでは具体的な反論のしようがありません。『現場の状況と異なる』といわれれば、こちらはただ『いや 何も異なっていない』と言い返すだけで、全く実のある議論にはなりません〉

公安部の主張をそのままぶつけてきたことが不満なのだろうか。これまでの手紙にはない怒気を含んだ書き出しだった。しかし、ここから、いつもの中村らしい冷静な分析が始まった。まず「目撃人台」についてだ。

〈当日、私のことを間近で十分に観察できた者はいなかったはずです。帽子を目深にかぶり大きなマスクをしていた者を離れた所から一瞥したぐらいで年齢を判別できるとは思えません。シークレット・ブーツを履けば私の身長は例のA巡査長と同じくらいになります。それなのにAの方は容疑者に仕立てたのですから、公安部の振る舞いは全く得手勝手というほかありません〉

確かに、その通りだ。出勤にむかう朝の忙しい時間帯、それも雨が降る中で、帽子とマスクをした者の年齢をあてて、さらにそれを記憶に残している方が不自然なのではないか。身長についても同じことが言える。しかも中村は、名古屋の現金輸送車強奪事件のときにはシークレット・ブーツを履いていた。

〈多分、当日もシークレット・ブーツを履いていたと思いますが確答はできません。アクロシティへも数回訪れていますが、履いていた時もそうでない時もあります。特に本来の決行日は3月28日でしたから、28日と30日の記憶は細部については混同している場合もありえます〉

ここで、あえて履いていたと言い切らず、確答できないと答えてくるあたりが中村らしい。逆に言えば、信用できるところである。

次に、「警戒員の位置」と「長官の体勢」について。

〈発砲の第三弾まではシングル・ショット（撃鉄を指で起こしてから撃つ方法）による狙撃でしたが、私の場合、一発に一秒ぐらいです。しかし、それ以後は秘書官が長官を横抱きにして、自分の体でカバーするような体勢になったので長官に対する更なる狙撃はできなくなりました。その直後に公用車のかなり前方に駐車していた護衛車両から飛び出してきた（黒っぽいコートを着た）私服の警官が私の前方を横切って長官の倒れている植え込みの蔭に走り込んできたので、咄嗟にその方向へ向けて一発発砲したのですが、これは特にどこかを狙ったものではなく追跡を抑えるための威嚇射撃でしたから、命中箇所は特定できません〉

〈この三発目と四発目の間に長官は傍らの植え込みの蔭に引き入れられ、その際に体は仰向けにされたらしいのですが、その姿は私の位置からは見えませんでした（見えていれば当然、止めの一撃を浴びせていたはずです）〉

「警戒員の位置」については、中村供述を裏付ける重要な証言もある。狙撃の一部始終を目撃したあの主婦の証言だ。彼女は、われわれの取材に対し、狙撃の直後に道路側から飛び出してきた「別の男」がいたことをインタビューで語っていた。彼女が指し示した位置関係からいっても、それこそが警戒員だと思われるのである。
「長官の体勢」についても、中村はあくまで狙撃時に〝自分から見えていた範囲内〟でのことを語っており、植え込みの蔭に引き込まれた後のことについては「見えていなかった」と正直に述べている。

この点については、公安部と事実関係の相違があるようだ。さらに中村は、こんな自信満々な文面も手紙に書いてきていた。

〈だいたいが、護衛の警官をはじめ現場に臨場した者は全員が人生で初めて経験するような重大突発時に動転してしまい、冷静適切な対応などできかねる精神状態であったに違いなく、後日事情聴取を受けた際に的確な陳述ができるほど明確な記憶が残せたものか大いに疑問とするところです。現場で最も冷静に観察できる状態にあったのは何が起こるか、あらかじめ知っていた私にほかなりません〉

確かに、あの現場でもっとも冷静だったのは、狙撃者だったかもしれない。他の者たちはただただパニック状態にあったことが、誰でも容易に想像できる。

そして、「公用車のルート」について。

〈最初はアクロシティ東南隅の十字路付近で公用車の到着を待つつもりでしたが、それでは当方の姿が目立つように感じたので、敷地内のBポートあたりの建物群の蔭あたりから公用車の待機場所を見張るようにしたので、車の接近経路などは見通せませんでした。（その必要もありませんでした）もし、私の供述調書にそういう記述があるとすれば、多分九年後ぐらいのその時期に地図を見て推測を述べたのではありますまいか〉

　長官車両のアクロシティへの侵入ルートについては、そこまでは見えなかったと言う。狙撃者の中村からすれば、どこに停まるかが重要であって、どの方角から来るかはそんなに問題ではなかったというのだ。

　そして、最後にこんな言葉も書かれていた。

〈まあ、私にしてみれば、その「捜査結果概要」なる怪文書で展開した筋書きを裏付ける供述調書の、たとえ五、六枚でも作り上げてから当方の調書にケチをつけるがよかろうというのが、公安筋に言ってやりたい台詞なのですが〉

　中村は、こうして公安部の〝反証〟に対して、正々堂々とした回答をわれわれに送ってきた。その内容や文面からは、「自分こそが真犯人であり、その真実は誰にも揺るがすことはできない」という強い自負と余裕すら感じられた。

　ジャーナリストとして一歩引いたところから見たとしても、中村が具体的な秘密の暴露を次々としていることや、特殊な銃を購入していたことは事実である。それに対し、公安部は「オウム犯行説」のなにを証明してきたのだろうか？

## 再検証「A元巡査長犯行説」

ここで改めてひとつの疑問が心に浮かぶ。なにをもって米村氏や公安部は、オウムによる犯行と断定し続けたのだろうか？　当時の状況からして、オウムならば動機がわかりやすかったのは確かだ。テレビ朝日への脅迫電話も疑わしい。ただ、それだけではまだ〝状況証拠〟にすぎない。彼らも警察官である以上、なんらかの決定的な証拠を持っていたはずだ。

わたしはそれが知りたくて、当時の膨大な取材メモをひっくり返すことにした。事件発生から時効入りするまでの一五年間にわたり、テレビ朝日の記者たちが駆けずり回って得てきた捜査関係者たちの〝生の声〟だ。そこに、謎を解く鍵が隠されているはずだ。

取材メモを振り返って、よくわかったのは、公安部の捜査員たちをオウム犯行説にがんじがらめにした最大の理由は、やはりA元巡査長の存在だった。一九九六年、彼が警察に対して話した「自供」がすべての元凶なのだ。それは断片的ではあったが、具体的でもあった。

メモに残された、当時のAの証言は――

〈事件前日に井上（嘉浩）が本郷にある警察寮に車で迎えに来て、「長官を撃つ、下見をしろ、尊師のためにお前が救済しろ」と指示された。井上から車の中で銃と数発の実弾を渡され「明日やるぞ」と言われた。寮の自室で拳銃を構えたりして練習した。

犯行当日、信者の運転する車で現場に向かった。事件直前に、現場近くの都内河川敷で、井上と一緒に看板に向けて試し撃ちした。

現場には、井上・早川（紀代秀）・平田信・林泰男など六名がいた。早川から「救済のためにお前の力を借りたい。長官を撃つのを頼む」と、平田からは「がんばってこい」と言われた。車の中で、無線機・手袋・帽子・マスクを渡された。バッグを肩にかけて敷地内へ向かった。

現場で一緒にいた幹部が、北朝鮮バッジと韓国のコインを置いた。井上から「もうすぐ長官が出てくる」と連絡がきた。このとき無線機から麻原のマントラが流れた。マントラを聞き、やらなければならないと思った。

井上がB棟前から無線機で狙撃の指示を出した。一発目を撃ったら無線で「撃て撃て」と言われた。二発・三発目が命中、四発目はハズレ、逃げなければと思い自転車で逃走した。

逃走のときには、早川や林が間隔をおいて立ち、逃走路を誘導した。数百メートルほど離れた南千住署の近くで自転車を降り、停めてあったワゴン車に乗せられた。逃走車両に平田も同乗していた。

井上から「銃はお前が処分しろ」と指示され、その日の夜にバッグに入れたまま水道橋から神田川に捨てた〉

こうして読み直してみると、具体的でかなりのリアリティーがある。登場する井上、平田、早川などのオウム幹部の多くは、実際に他の犯罪にも関わっている。公安が彼を最重要容疑者と見たことは無理もないことだろう。

しかし、その一方で、ある公安幹部は初期の段階でこんな話もしていた。

「本人は『自分が長官を撃った』と供述しているんだが、話題が麻原のことにおよぶと頭がイカれてしまう。まだ、強度のマインドコントロール下にあって、手を焼いている」

また、別の公安幹部も。

「マインドコントロールがまだ解けていない。なにを言っても本当かどうかわかったもんじゃない。まだリハビリが必要だよ」

そうなのだ。実は、Aの供述は最初の段階から、かなり怪しいものであった。オウムによるマインドコントロールと、教団で行われていたという薬物を使ったイニシエーションの影響が色濃く出ていた可能性がある。さらに、彼自身が警察官であったことから、捜査情報をかなり知ってしまっていた。そんな現実と妄想が入り混じった精神状態の中で出てきた「自供」に、公安部はのめり込んでしまったのである。

## 再検証「平田犯行説」

実際に、Aの供述はくるくると目まぐるしく変わっていったという。捜査員が話を聞くたびに、登場人物の役割が違っている。自らが実行犯のときもあれば、手伝っただけというときもある。神田川からも銃は見つからなかった。

そんな中で、公安部もさすがに見立てを切り替え始める。Aの自供を軸にしながらも、別の実行犯を探し求め始めたのだ。これは、九七年一月時点の、警察庁の幹部のコメントだ。

「Aの話の中に、平田が三回登場するんですよ。まず、井上から電話があり、迎えの車に乗って現場に向かったら平田がいたと。そこで平田に預かっていた空の拳銃を渡すと、弾を込めて返してくれたと。その後、狙撃ポイントに潜んでいると、後ろから平田が来て肩をたたき『がんばれ』と。これで二回。狙撃した後、自転車で逃げ、迎えに来ていた車の助手席に乗り込むと、遅れて平田が自転車で乗り付けて後部座席に座り、皆で車で逃げた。

計三回、平田が登場するわけです。でも、おかしいでしょ？　撃った実行犯なら、なんですぐ逃げないで平田が来るのを待つわけですか。いの一番に逃げたいはずでしょ。ところが、平田が実行犯と考えれば説明がつくんですよ」

なんと、九七年の時点で実行犯と考えられていたのは、平田信だった。事件発生直後にも疑われていた、オウムの古参幹部だ。

「大体、オウムがなにか犯罪を犯すときには在家信者は使わないんですよ。Aのような現職の警察官を現場で使う利点といえば、検問を潜り抜けたり、狙撃現場で不審がられた時の切り抜けですよ。だから、Aが車の助手席に乗って平田の到着を待ったというのは、実行犯の平田を待って、検問があったときに手帳でも見せて切り抜けるためだったんじゃないですかね。われわれも、平田を実行犯と見て追っているのは、それなりの理由があるんですよ」

あくまでもAの断片的な記憶を事実と仮定した上での、「平田犯行説」の登場である。

読者の方も記憶にあるかもしれないが、「國松長官狙撃事件はオウムの平田による犯行だ」「だから、ずっと逃走しているんだ」というのが、当時の警察・マスコミ・一般大衆の共通理解のようになっていたところがある。

しかし、これにしても、なんら物証がなかったのである。國松事件における公安部の捜査はいつも物証がないままに突き進んで行く。だからこそ、A巡査長にしても他のオウム幹部にしても、クロだと思っていながら逮捕まではできないもどかしい状態が続いていたのだ。

**「スプリング8」**

そんな彼らにとって、喉から手が出るほど欲しかった物証が揃ったのは二〇〇四年のことだった。

公安幹部への取材メモによると――

「『コート』だよ。もともと目を付けていたんだ。

だって、おかしいだろう。事件直後にAはコートをクリーニングに出していたんだ。わざわざ勤務中に行くか？　だけど、昔の鑑定技術では何も出てこなかった。

今は『スプリング8』っていう鑑定機があるってことで、鑑定にかけたわけだよ。すると、コートに残っていた火薬の残渣物（ざんさ）と、現場に残されていた銃弾の火薬、それに現場で採取した火薬の残渣物の三つが一致したんだ」

確かに、Aが狙撃時に着ていたと証言したコートの存在は昔から知られていた。しかし、クリーニングに出してしまっていた上に、当初の鑑定では完全に〝シロ〟となっていた。

それが、後に「スプリング8」と呼ばれる世界最先端の科学分析装置を使ったことで、火薬の残渣物を発見・特定できたというのだ。

ちなみに、この「スプリング8」は、一九九八年に起きた和歌山毒物カレー事件においても活用され、鍋の中に残された微量のヒ素と、林真須美死刑囚宅から押収されたヒ素が同一のものだと鑑定した（林死刑囚は現在も無実を主張している）。

警察は、これを決め手として、二〇〇四年についにAを逮捕する。同時に、Aの供述にも登場した元オウム幹部らも逮捕した。さらに、すでに死刑判決を受けていた井上嘉浩や早川紀代秀などにも再度取り調べを行ったのだ。

このときには、「やはりAが実行犯で、他のオウム信者たちがサポート役。教団による組織的な犯行だった」という筋書きだった。

しかし、一方で、起訴を判断する立場にあった検察は、まるで違う意見を持っていた。

「証拠がねぇ、なんにもないでしょ？　ま、ぶっちゃけね、これはもう警察が『もうなんとしても、決着をつけなきゃいけないから』というわけでやったことでしょ？」

身柄を送られる検察としては嫌々ながらの逮捕だったことがよく伝わってくる。記者が「スプリング8」で火薬が検出されたことについて聞くと――

「それで犯人がわかりますか？　やる必要がある鑑定だったとは思いますが、実際に誰が着ていたのかなんてわからないでしょ。証拠がないんだから」

その検察関係者の言葉通り、逮捕された者は全員、嫌疑不十分で不起訴処分となる。Aなどは取り調べの中で、「九六年のときの供述は、想像して言ったことです」と平然と答えていたという。さらに、井上や早川も全面否定。「地下鉄サリン事件や坂本一家殺害事件など、重大な殺人事件についても全て話し、すでに死刑が確定しているのに、なぜ今さら一つの殺人未遂事件（國松長官事件）だけ隠す必要があるのか？」と激怒した。

國松長官事件発生から、ずっと犯人扱いをされ続けてきたオウム。彼らは、いったい事件のことをどう思っているのだろうか？　わたしは、「実行犯」と呼ばれた元信者たちに会いに行くことにした。

## A元巡査長の現在

まず、会いに向かったのは、あのA元巡査長だった。

東海地方にある実家に住んでいるという彼の家を訪ねたが、出てきたのは彼の母親だった。

「もう勘弁してください。いまは仕事に出ていていません。もう普通に働いているので、取材は一切お断りします。お帰りください」

実直で真面目そうな母親が、何を今さらという感じで困り果てた表情を浮かべた。九六年当時などには、われわれメディアが大挙して、猛烈な取材攻勢をかけられたのだろう。自らの息子が謎の「自供」をしたからとはいえ、罪のない母親の辛そうな姿にいたたまれなくなった。

一緒に同行していた相棒の岡部が、手土産を差し出しながら話しかける。

「われわれは、もう息子さんが犯人だとは思っていません。むしろ、真犯人と思われる別の男を追いかけています。もしよろしければ、いまの息子さんの話を聞きたいのです」

ずっと下を向いていた母親の顔が、一瞬だけハッとしたのがわかった。いままでずっと息子が犯人だと責められ続けてきたのだ。別の真犯人を追っているという記者の言葉に、明らかに反応していた。しかし、

「それでも、やはり取材はお断りします。お土産もいただけません。お持ち帰りくださ い」

やはり、取材は難しいようだ。立ち去り際に、相棒が最後にひとつだけと言って質問する。

「いま、息子さんは当時の供述を否定されているんですよね？ 自分は犯人ではないと断

言されていますよね？」

一瞬の沈黙。答えるべきかどうか、逡巡する母親の目が泳ぐ。やがて、重い口を開く。

「はい。やっていないと言っています。当時のことは、もうあんまり覚えていないと。これでご勘弁ください」

引き戸を閉めながら頭を下げる母親。われわれも、お辞儀をする。

A本人には会えなかったものの、大切なことだけは聞き出せた。彼はいま、事件への関与を完全に否定していたのだ。

## 平田信との面会

もうひとり、実行犯と呼ばれたオウム信者がいる。

その男は、一七年近くにも及ぶ逃走生活の末に、國松事件が時効入りした翌年の二〇一一年の大晦日に、突然警察に出頭してきた。

「平田信です。出頭してきました」

元オウム真理教の古参幹部であり、教祖麻原のボディーガードとも言われていた平田。目黒公証役場事務長・假谷（かりや）清志さん拉致監禁事件（致死罪については問われていない）や、宗教学者宅の爆破事件、火炎瓶事件など複数の犯罪に関与したとして、全国に特別指名手配されていた。

長い逃亡生活の末に自ら出頭してきた理由について、当時、「東日本大震災を見て、逃走中の自分が情けなくなった」と語ったとされる。

裁判では、「自らは運転手役などとして巻き込まれただけで、事前に犯罪行為を知らされてはいなかった」などと主張したがほとんど認められず、爆発物取締法違反などで懲役九年の実刑判決が確定していた。

わたしは、國松事件でも公安部から最重要容疑者のひとりとされていた平田に、是非とも会って取材がしたいと思っていた。そこで、現在彼が服役している刑務所を割り出し、手紙を書いたのだ。

「われわれは、あなたを國松事件の犯人だとは思っていない。話を聞かせてほしい」

すると、意外にも、返事はすぐに戻ってきた。ハガキに几帳面な文字で「文通ではなく面会して話しましょう」とのことだった。

Aの母親にしてもそうだが、「犯人ではないと思っている」という台詞がよほど珍しいのだろうか、これまで頑なにメディアを拒んできた人々も、われわれの取材には応じてくれるのだ。実際、裁判以降に平田がメディアの人間と会うのは初めてのことだった。

地方都市にあるその刑務所は、周囲を畑などの緑に囲まれた中にあった。

「なんか、ぱっと見た感じが、オウムのサティアンに似ていますね」

相棒の言う通り、どこかサティアンにも似た、プレハブ工場のような見かけの刑務所だった。

狭い面会室で待っていると、ガラスの向こう側の鉄の扉が突然開いた。身長一八〇センチ以上の細身に、緑色の作業服を着て、赤い帽子を目深にかぶった平田が刑務官に連れられて入ってきた。長年オウムを取材してきた人間からすると、表現しがたい異様な昂ぶりを覚えた。あごひげには白いものが目立ち、あの有名な指名手配書の写真よりは、かなり年をとったように感じた。

挨拶もそこそこに、われわれがこれまで國松事件について再取材を進めていること。中村という男を真犯人だと考えていることなどを手短に話した。その間、平田は一度も視線を合わさずに、うつむいた感じで黙って頷いていた。

そして、いよいよ本題に入る。

「平田さんが國松事件で犯人扱いされたことをどう思いますか?」

そう聞いた瞬間、ずっと下を向いていた平田がすっとわれわれの方を見た。いや、正確に言えば睨みつけられた。彫りの深い顔にギョロッとした大きな瞳は、昔の印象のままで迫力がある。

「逆にこちらから聞きたいくらいです。どうしてわたしが疑われたんですか？　なぜわたしがそのように犯人扱いされたんですか？　わたしを犯人と決めつけたのは、あなたたちマスコミと警察なんじゃないですか⁉」

彼は、明らかに怒っていた。静かな口調で淡々と話しているが、長い間溜め続けてきた警察とメディアへの怒りが抑えきれない感じだった。この燃え上がる静かなる怒りを見た瞬間、わたしは彼が犯人ではないと直感した。

横でメモを取っていた相棒が、冷静にフォローを入れる。

「確かに、わたしたちメディアに行き過ぎた報道があったことは認めますし、素直に謝罪させていただきます。ただ、偏った警察情報が流されていたことも事実です。物証がないままにオウム捜査が進められて……」

「警察も同じようなことを言うんですよ。マスコミはなんで君を犯人扱いするのかな、とね」

岡部の話の終わりを待たずに口を挟んできた。

「警察はマスコミのせいにして、マスコミは警察のせいにする。お互いなすりつけ合っているだけのように見えます。いったい、なにが真実なんですか？」

本音をそのままぶつけてきているようだった。感情が剥き出しになっていた。ならばと、こちらもストレートに質問をぶつけてみた。

「失礼を承知で、あえてこう聞かせていただきます。平田さんは本当に國松長官を撃っていませんね？」

平田は眼をクワッと見開くと、唇をかんで、力強く頷いてみせた。

## 平田にはアリバイがあった

「それでは、事件のあった三〇日は、どこでなにをされていましたか？」

「あの日は関西の友人の家にいました」

「一日中ですか？」

「はい」

「友人というのは？」

「当時、信者だった人です」

彼は当然のことのように答えた。正直、わたしは、あの事件の日に平田にアリバイがあったとは知らなかった。それも、東京ではなく関西にいたというのだ。

「出頭後にわたしを取り調べた警察官も驚いていましたよ。『あなたには、アリバイもあって容疑性がないのに、なんでずっと長官事件で犯人扱いされてきたんだろうね』と言われましたから」

警察はもちろんアリバイの裏付けも取ったに違いない。

「高校時代に射撃部にいたことも、疑われる要素になったようですが……」

「スポーツ競技の射撃と実際の射撃では、銃から弾丸から技術から全然違います」

「教団がロシアでやっていた射撃訓練にも参加されていたとか？」

「モスクワの中心部から車で一時間くらいの場所にある、ロシア軍の施設でやりました。ただ、観光客が射撃ツアーでやるのとまったく同じような感じです。お遊びですよ」

平田はわれわれの質問に対して、ひとつひとつ真剣に丁寧に答えてくれていた。決して言葉数は多くないが、事実だけを伝えようとしていた。短い時間ではあるが真面目で実直な性格がよく伝わってきた。

だからこそ、聞きたい質問もあった。

「なぜ一七年近くも逃げ続けたんですか？」

「國松事件で犯人扱いされたことが、ほぼすべてです」

「逃亡中はどんな思いで生活を？」

「それは……とても一言で言えることではないです。いわく言いがたいものがある……」

「出頭された理由も、事件の時効入りが関係していますか？」

「それは……あります」

今は受刑者という身ではあるが、彼が長官事件で〝犯人扱い〟をされ、様々な報道被害を受けていたのは事実である。それが一七年間も逃走した最大の理由である。テレビ朝日が平田を犯人視して報道したことは決してないが、彼が受けた〝報道被害〟についてはメディアの一員として真摯に考えなければいけないという思いが湧いてくる。

もし、〝國松事件の実行犯〟というレッテルが貼られていなければ、彼はとっくに警察に出頭して、罪も軽くなっていたかもしれないと考えると、実に複雑な思いがする。

面会時間も残り数分となったとき、相棒が口を開いた。

「麻原やオウムへの信仰は、いまはどうなんですか？」

「教団のことはもう信仰していないです。麻原についても何もありません。

九五年に假谷さん拉致監禁事件に関わってしまった時点で、もう切れています。

当時はまさか、教団が本当に殺人まで犯しているとは思っていませんでしたから」

「假谷さんのご遺族に対しては？」

「なんとも言いがたい……、お詫びしかありません。わたし自身は、致死には関わっていないが、その延長上にあったわけですから、道義的にも大きな責任はあると感じています」

平田は、ところどころ言葉に詰まりながらも、三〇分間誠実に答え続けた。自分の犯した罪や、関わった罪に対しては、しっかりと反省をしているように見えた。

「ありがとうございました」

キャップのつばを片手で抑えながら深々とお辞儀をする姿は、警察トップを暗殺するような凶暴なテロリストのイメージとはほど遠かった。

## 早川紀代秀の最後の告白

警視庁公安部から國松事件の〝指揮官〟として扱われていたのが、元オウム最高幹部の早川紀代秀だった。坂本弁護士一家殺害事件や松本サリン事件、教団の武装化など、ほぼすべてのオウム犯罪に関わっていた人物だ。時効会見の際に発表された資料でも、匿名にはされていたが、明らかに早川を実行グループの指揮者として扱っていた。

わたしは、死刑が執行される一年ほど前に、彼に手紙を通して國松事件について尋ねた。すでに死刑が執行され、おそらく、早川の最後であろう告白をここに記したい。

〈私は長官事件には関わっていませんし、オウムの他のメンバーが関わったという話も聞いていません。

おそらく、あんな事件を起こすのはオウムしかいない。オウムなら私が関わっているはず……というような誤った思い込みと誤情報によるものと思います。

警視庁の考えは、取り調べの時に聞かされましたし、その後、教団名は実名で各個人名はアルファベットの記号で表して公表されましたので知っています。

そのアルファベットの記号が誰を表しているのかも分かりました。もし、私の名前が実名で出ていれば、教団と同じように訴えていたところです。まったくもって迷惑な話です〉

早川は、オウムの國松事件への関与を全面否定していた。

さらに、公安部が指摘していた、事件現場付近での目撃証言についても——

〈どんな目撃情報かは知りませんが、長官事件の現場付近での目撃ならそんなことはあり得ません。私は一度も長官事件の現場付近に行ったことはありませんし、それがどこなのか、今も知りません〉

さらに、アリバイについても書いてきた。

〈三月三〇日は、早朝に上九（注・当時の山梨県上九一色村）からN（注・信者の実名）の運転で私と二人、私の車で赤坂のビルにある私の会社に帰ってきました。午前七時ころに着きました。この時会社には、女性社員一人と男性社員二人か三人いました。

会社に着いてから、私は、自分のデスクに座り、井上（嘉浩元死刑囚）に電話で連絡をとり、昼に六本木のホテルで会う約束をしました。

また、私がかけたのか、かかってきたのかはっきりしませんが、新実（智光元死刑囚）とも話をしました。この時、私は、二九日から三〇日にかけての深夜に上九で麻原から聞いたことを新実にも話しました。それは『十一月までわしが逮捕されなければ、この戦いは勝つ。そうアーナンダ（井上嘉浩元死刑囚の教団名）に伝えろ』というものでした。これを聞いた新実が『ハ……どうやって勝つのでしょうね』と言ったのをよく覚えています。またこの時の電話は、私のデスクの後ろの窓からの景色を見ながら話をしたこともよく覚えています〉

二〇年以上前のことながら、早川は國松事件当日のアリバイについてよく覚えていた。

〈その後、午前九時頃に会社を一人で出て、私の車を運転して、六本木のホテルに向かいました。ホテルにチェックインしようとカウンターに行って申し込みましたが、この時、ホテルの従業員より『まだ早いのでチェックインできません』と断られ、午前一一時すぎに来るように言われました。それでしかたなく、近くの喫茶店に入ってしばらく時間をつぶしましたが、とても一一時すぎまではもたないので、道路に止めてあった車に戻り、車内で仮眠をとりました。昼頃になり、ホテルにチェックインし、待ち合わせ場所であるホテルの一階のレストランに行き、井上の来るのを待っていました。井上と会った後、ホテルの部屋に行きました。

以上のことは九五年の秋ごろに刑事部取り調べのときに、私の車の走行記録（上九での検問や中央自動車道でのナンバープレートチェックの記録等）に基づいて記憶を確認したり、六本木の宿泊記録とつき合わせたりした結果、思い出したことですので間違いありません。公安部の取り調べの時も、これを思い出しながら、同じことを供述しています〉

早川の記憶だけでなく車の走行記録や宿泊記録という客観的な裏付けも存在していたのだ。重要なことは、警察（刑事部も公安部も）もそれを認識していたことだ。

## 早川vs米村警視総監

実は、早川は、あの米村元警視総監からも直接取り調べを受けたことがある。警視庁のトップが、直接被疑者と見られる人物に拘置所で会って話を聞くなど、異例中の異例のことだ。

〈米村警視総監については、警視監のとき、二度ほど拘置所へ取り調べに来られました。

長官事件について、端本悟狙撃犯、私が現場総指揮ないし総指揮という珍説を語り出され、ビックリしたのを覚えています。米村さんは『あんな事件はオウム以外起こすことは考えられない』『あの時期お前が特に何も重大なことを指示されていないのはおかしい。長官事件を指示されていたに違いない』というようなことを言われました。

端本が狙撃犯にされてしまったのは、背の高さが目撃情報に合うのと、私と接触していた者の中で唯一警察がアリバイを把握していなかったためと、その時は思いました。井上やA元巡査長については、事前調査に関与していたのではと思っていたようです。自分が関与していないこと、そして端本が現場には行けなかったことは知っていましたので、何度もこの説を否定しました〉

米村元警視総監は、どうしてもオウムに罪をなすりつけたかったようだ。ただ、なんら決定的な物証がないことに変わりはなかった。

そして、早川は、手紙の最後にこんな言葉も綴っていた。

〈死刑囚としての日々は、私にとって、これ以上ない贖罪と修行の毎日となりましたが、修行の面では、私達が起こした事件の犠牲の上に成り立っていることを思うと、申し訳なく思います。ここに改めて被害者の方々に謝罪いたします〉

〈私の誤りは、グルが間違うことがないと信じていたことです。

人間の肉体を持つ以上、限界があり、間違うこともあると今では思っています。間違う可能性があれば〝悪行をなす前に殺害する〟という〝慈悲殺人〟の理論は成立し

ませんし、〝聖戦〟の理論もその手段の是非が問われます。結果を見れば、その手段が誤りであったことは明らかです〉

〈私は、これまでしたことはした、していないことはしていないと反省をこめて正直に述べてきました。少しでも事件の本質が明らかになるように違うことは違うと言ってきました。今後もそれは続けていくつもりです。二度とこのような事件が起こらないことを願って〉

わたしが記者として法廷で見た早川も、最後に書かれているように真摯に事実を述べていたという印象が強い。捜査当時すでに死刑判決を受けていた彼が、長官事件だけ嘘をついているとは、どうしてもわたしには思えなかった。

## 上祐史浩の告白

長官狙撃事件の犯人が、A巡査長でも平田でも早川でもないとすれば、他のオウム信者だった可能性はあるのだろうか？　教団の組織的な犯行だったとすれば、必ずや幹部クラスの誰かは知っていたはずだし、誰かがこれまでに自白をしていてもいいはずだ。

そこで、われわれは、オウム犯罪の全てを知りえる立場にあった最高幹部の中で、唯一〝シャバ〟に出ている人物に白羽の矢を立てることにした。

オウム真理教の元最高幹部のひとり、上祐史浩氏である。

教団の中では、「正大師」という教祖に次ぐ高い地位にあり、麻原から寵愛された側近中の側近でもある。まさに、オウムの中枢にいた人間だ。地下鉄サリン事件の直後には、スポークスマンとしてテレビ番組にも出演していたから、読者もご記憶があるだろう。教団活動の正当性を訴え続け、マスコミとも巧みな弁舌で対峙して「ああいえば上祐」と揶揄されたこともあった。

上祐氏は、その後、教団施設をめぐる民事裁判において嘘の証言をしたとして偽証罪などに問われ、懲役三年の実刑判決を受け広島刑務所に服役。九九年に出所すると、オウムの後継団体であるアレフの代表を務めた時期もあったが、二〇〇七年には教祖麻原の位置付けなどをめぐって脱会。現在は「ひかりの輪」という団体の代表を務めている。

わたしは、上祐氏が出所した直後の二〇〇〇年から、彼の取材を続けている。滅多に単独インタビューを受けない彼が、わたしの取材要請にだけはよく応えてくれるのは、「清田さんの取材は公平だから」だそうだ。

わたしと相棒の岡部は、國松事件のオウム側から見た真相を聞くために、上祐氏が代表を務める「ひかりの輪」の東京・世田谷本部へと向かった。それは、普通のマンションの一室にある。畳敷きの六畳ほどの部屋が三つほど続く一番奥に、彼はいつものように蓮華座を組んで座っていた。

「どうも、ご無沙汰しております」

わたしが頭を下げると、彼も軽く会釈をして応えた。

「どうも」

上祐氏への取材は、いつも独特の緊張感が現場に走る。かつてメディアに出て叩かれ続けたこととの影響があるのか、いまだに警戒心のようなものがヒシヒシと伝わってくる。

「今回は、どんなことを聞かれたいのですか？」

あの独特のしゃがれ声で尋ねてきた。

「國松警察庁長官狙撃事件のことをお願いしたいです」

そう答えるやいなや、彼の表情が曇った。

「あれは、難しいですよ。メディアはオウムの犯行だって決めつけから入っているでしょう。そんな方々に話すことはできないですね」

「いえ、そういうことではなく、あくまで上祐さんの意見を聞きたいんです」

警戒する上祐氏の様子を見て相棒が、阿吽（あうん）の呼吸で援護射撃を入れる。

「はっきり言って、われわれは、あれはオウムではないと思っています。だからこそ、当時の教団内部のことを知りたいんです」

われわれの言葉に、上祐氏の目の色が変わる。そして、数秒間ほど考えると――

「メディアの方から、そんなことを言われたのは初めてです。そうですか。そういうことなら、取材に協力させていただきます」

彼は覚悟を決めたかのように、足を大きく組み直した。

鉄は熱いうちに打てだ。さっそく、インタビューを開始することにした。

**オウムらしからぬ手口**

「まず、長官狙撃の当日。事件を聞かれたときのことを教えてください」

「あの日、わたしもニュースを見て事件を知りました。もう即座に、これはまずいことになったなあと思いました。あの状況ですから、当然オウムへの疑いが来るわけですよ」

わたしは、質問を畳み掛ける。

「教団がやった可能性については考えませんでしたか?」

上祐氏は、首をひねる。

「いや、いくらなんでもこれは教団がやったんではないんじゃないかと、そう思いましたね。教団は、拳銃で殺すというのはあんまりないんですよ。サリンとか生物兵器とか、そういう軍事研究はやるんですけれども。あの、バン！　と撃つのって、教団のテロ行為のイメージとは違ったんです。だから当初、教団がやったんだという印象は持ちませんでした」

確かにそうだ。わたしは思わず頷いてしまった。

坂本弁護士一家殺害事件や地下鉄サリン事件など、一連のオウム事件では立件されただけでも二九人の尊い命が奪われている。しかし、上祐氏が言うように、犯行に拳銃が使われたケースは一度もないのだ。國松事件だけは、他のオウム事件と比べて異質なのである。ジャーナリストの江川紹子さんらオウムをよく知る人ほど、当時からその点についての違和感を強調していた。

「それに、やり方に関しては、教祖は血が流れるのは好きではない。拳銃って血が流れるでしょう。オウムの仏教的・密教的教義は死体を傷つけてしまうとよい転生ができない。だから、ポアできない。サリンとか神経を痛める生物兵器は麻原が好む死に方をするんです。神経はマヒして呼吸が止まっていくというプロセスはある意味では一種の瞑想状態に入っていくという考え方なんですよね。だけど血が流れるということは死体が壊れるってことではないですか。そういった状態ですと死体から魂が離れるときに支障があるという考えなんです。麻原は人を殺してもポア、魂をより高い世界に送るということを重視していたんです」

スイッチが入ってきたのか、淀みのない早口で一気にまくし立て始めた。

ポアという単語は教団内で殺人を意味する。殺すことで、相手を高い世界に転生させるという実に身勝手で恐ろしい考え方だ。だが、こうしたオウムの教義や、内部の信者たちが共有する感覚から鑑みると、彼の話には説得力があるように思えた。

## 教祖・麻原の衝撃発言

「麻原と、國松事件について話されたことはありますか？」

「広報担当をしていたわたしにとって、この事件が教団の行為なのかどうかは一大事ですからね。まだその頃は、麻原と直接会うことはできましたから、何回か会いました。わたしは麻原にいくつかの事件に関して、教団が関与したかどうかを聞いたり、問いただしたんです」

なんと、上祐氏は、九五年当時に麻原に、地下鉄サリン事件や國松事件が教団によるものなのかどうか、直接聞いていたというのだ。

「その中で、麻原は、地下鉄サリンは教団がやったと認めました」

「え!? 認めたのですか？」

「ええ。サリン事件は認めました。それと、坂本弁護士一家殺害事件についても否定はしませんでした。明言はしないが、やったような暗示をした。『お前も、もうわかっているようだからな』と言われたのを覚えています」

オウム記者と呼ばれたわたしにとって、これは衝撃的な話だ。興奮を抑えることができなかった。麻原は側近の上祐氏に対しては、教団が手を染めてきた犯罪について素直に認めていたのだ。これは、裁判でも明らかにされていないスクープ情報だった。では、肝心の國松事件については認めたのだろうか。

「ただ一方で、『國松事件はオウムじゃないからね』とはっきり言ったんです。当時のわたしに、あえて國松事件だけ嘘をついて否定する意味があるかなと。振り返ってみれば、麻原がわたしに対して、実際にやった事件をやっていないと言ったことはないんですよね。だから自分も國松事件への教団関与はあまり信じられないんです」

この発言は、オウム犯行説を否定する上で決定的なことのように思えた。死者一三人・負傷者六三〇〇人を出した地下鉄サリン事件について認めていた麻原が、國松長官の殺人未遂事件だけをあえて隠す必要性が見当たらない。

念押しの質問も重ねてしてみる。

「仮定の話になりますが、麻原教祖も知らない、上祐さんも知らない中で、あのような重大な事件を起こす可能性というのはありえますか？」

彼は間髪入れず即答した。

「教団の教義からすると不可能だと思います」

なぜ、というわたしの質問を挟ませない勢いで、上祐氏はその理由を語った。

「それをやると地獄に堕ちる悪行になります。麻原という神の化身のみが、人の生命を奪う、与えるという指示ができる。そうでない弟子がそれをやれば、殺生の戒に重大な違反することになるので地獄に堕ちることになるんです。それはグル（麻原）の意思に反した行動であるわけですから信者は到底できないと思います」

上祐氏は、さも当たり前の常識のように答えた。ここまでくると、もはやダメ押しのようだった。

わたしは、たとえ中村が真犯人でなかったとしても、オウム犯行説だけは違う、絶対に間違っていると断言できるようになっていた。

## 米村元警視総監を直撃

元公安部長にして、警視庁のトップである警視総監にまで登りつめ、強硬に「オウム犯行説」を推し進めた米村敏朗氏。

とどのつまり、捜査を率いた最高責任者に話を聞くしかない。わたしと相棒は、ある人脈を使って辿りに辿った末に、短時間だがアポイントを取り付けることができた。

現在は、警察を退官し、ある大企業に勤めている彼のオフィスを訪ねると、思いのほか温和な笑顔をした白髪の男性が迎えてくれた。

「長官狙撃事件について調べているんだって？　あれは未解決事件だからね。細かいことは話すことはできないよ」

会うなり、先手を取られて釘を刺されてしまった。しかし、こちらも怯んでいるわけにはいかない。

「もちろん話せる範囲で結構です。あの事件が未解決で終わってしまったことを、どう思われていますか」

「一言で言えば、捜査は失敗だったということですよ。あくまでも、警察としては被疑者を検挙し、そして検察庁に送って、そこで吟味したうえで起訴してもらうと。起訴されてこそ初めて捜査としてのひとつの区切りがつくわけです。公判もありますけどね。そういう意味からいえば、立件できずに未解決に終わったということは失敗なんです。極めて残念ですし、忸怩たるものがありますよ」

警視総監という、警察でも最高のポストのひとつに君臨し、あれほどまでにオウムにこだわってきた男が、捜査の〝失敗〟をこうもあっさりと認めるとは、正直、意外であった。おそらく、輝かしい警察官人生においても、最大の〝汚点〟であったはずだ。

しかし、次に続いた発言に、われわれは唖然とすることになる。

「あれはね、公安部ではなく刑事部がやるべき事件でしたよ」

なんと、公安部出身者で、公安部を主体とした特別捜査本部を率いてきた米村氏が、こんな〝暴言〟を吐いたのである。

「やはり初動の段階での基礎的な捜査を徹底してやるべきだったと。それは地どり（聞き取り捜査のこと）も含めて、科学的分析も含めて、網羅的・組織的にきちっとやっておくということ。一番大事な捜査の基本中の基本が、ひょっとしたら欠けていたかもしれないなという気がします」

地どりをして、物証を集めて捜査を進める刑事部のやり方ではなく、最初から捜査対象を決めこんでしまう公安部のやり方を押し通したのはあなたたちではないのか。わたしの頭の中で、そんな刑事部捜査官たちの怒声が聞こえてきたが、冷静にこんな質問で切り返してみた。

「警視庁内部の問題として、刑事部と公安部との間でうまく連携ができていなかったという見方もあるようですが？」

「わたしも少ししか事件にタッチしていませんでしたからわかりませんが……、よく言われる刑事部対公安部という、そういうテーマがあるんですが、わたしは必ずしもそれが問題になったとは思えませんね。同じ警視庁内の捜査ですから」

中村捜査班の捜査員たちがこれを聞いたらどう思うだろうか？　本当に暴れ出しそうなコメントだ。あれだけ刑事部の捜査を否定し続けてきておきながら、連携に問題はなかったという。だいたい、少ししか事件にタッチしていないとは、どういう意味なのだろうか？

自ら早川の聴取をしに拘置所まで出向いておきながら、あくまで自分には失敗捜査の責任はないということだろうか？

「警察は、最後までオウムの犯行だと断定していたようですが、捜査線には中村という別の容疑者もいたようですね？」

「いやぁ、詳しいことは話せないよ。わたしはよく知らないしね」

相棒が、あくまで丁寧なしゃべり方で、とても嫌味な質問を浴びせる。

「あの事件の反省点などはありますでしょうか？」

「なぜ失敗したのかということをしっかり考えること、それが大事なポイントではないかと思うんです。わたしはその反省から『捜査支援分析センター』というのを作って、情報を総合的に集めて捜査に活かせるようにしたんです。自分でいうのもおこがましいですけど、多分いま大きな力になっていると思います」

いつの間にか、失敗談が手柄話にすり替わっていた。まるで政治家の国会答弁を聞いているようだ。これ以上話を聞いても無駄だと思い、われわれは「ありがとうございました」と謝意を表し米村氏の部屋を後にした。

## 沈黙を続ける國松長官

わたしたちは、この呪われた事件の被害者であり、警察庁長官として捜査を指揮する側でもあった國松孝次氏にも当然取材をしている。

本書は、二〇一四年八月と一五年三月の二回にわたってテレビ朝日で放送された『世紀の瞬間』という特別番組の内容が中心となっているが、その番組の中で、何度か國松氏への取材を試みているのだ。

わたしは國松氏とは面識がなかったので、まず手紙を書くことにした。自分がテレビ朝日報道局のデスクをしていること、そして番組で長官狙撃事件を取り上げること、番組では先入観を排除して徹底した検証をすることなどを書き連ね、ついては一度お会いしてわれわれの話を聞いていただけないかというお願いをした。すると数日後、直筆で書かれた封書が届いた。

「前略　お手紙拝見しました。番組の趣旨はよく理解できますし、意義深い内容のものに仕上がることを期待しております。ただ私はこの事件に関しては特に時効完成後は一切の取材をお断りしてまいりましたし、その方針をかえるつもりはありません。ご了解いただきたいと思います。お目にかかっても何もお話しすることはありませんので、ご説明を承ることも失礼させていただきます。ご検討をお祈り致します。不一」

何とも残念な御返事だったが、ある程度は予想していた。時効が成立してからというもの、國松氏はこの事件について完全に沈黙を貫いていた。そこには強い意志のようなものを感じていた。「もう、この事件には触れてくれるな」と頑強に言っているようだった。

国家警察のトップであったにもかかわらず白昼堂々と狙撃されたことを國松氏が誰よりも恥じて悔いているに違いない。彼に親しい関係者に話を聞いたところ、國松氏とはそういう人物だそうだ。それに、一般的に言っても、警察官は未解決事件のことについて、時効後に話をすることを嫌う傾向にある。逮捕・起訴できなかったのだから、誰のことも犯人扱いはできない。疑わしきは罰せず。しかも、自分たちが失敗した捜査についてはなおさら話しづらいだろう。

しかし意外なことに、一回目のテレビ放送から数日後、國松氏からわたしに再び葉書が届いたのだ。

「前略　番組、拝見致しました。ご熱心な取材で見応えのある番組に仕上がっていたことに敬意を表します。事件というものは、あがってナンボ。あがらなければ、いろいろと言われます。内容については、種々感想もありますが、まあ申さずにおきます。お元気で益々ご健闘なさいますようお祈り致します。不一」

と書かれていた。

事件の被害者であり、事件の捜査を指揮した人間として、國松氏はどんな気持ちでわれわれの番組の「中村犯行説」の検証を見ていたのだろうか?


ある警察幹部からこんな話を聞いたことがある。

時効成立前、國松氏は中村泰という〝容疑者〟がいるという報告を受けていた。しかし、その報告書を読むなり、「オレはこんなジイさんに撃たれたのか? だったらまだオウムの方がいい」と言ったというのだ。真偽のほどはわからないが、もしこれが事実だとしたら、もはや救いのない話ではないだろうか。

國松氏とはいまだに直接お目にかかることができていない。ぜひ一度お会いして、じっくりと話を聞かせていただきたいと切に願っている。

# 第六章　共犯者の行方を追う

## 捜査官Xの極秘資料

　夏の終わりの生ぬるい雨が気分を憂鬱にさせる午後、わたしと岡部は東京郊外のある駅を降りて古い街並みの中を歩いていた。昭和の時代に建てられた木造の家々が軒を連ねている静かな街だ。

　警視庁の捜査官Xから面談の場所に指定されたのは、これまでのような飲食店ではなく、彼の自宅だった。その一軒家は、人の生活の気配が全く感じられない、不気味な家だった。周囲に緑が多いためなのか、雨のせいなのか、全体に暗い陰が立ち籠めている。すべての窓はカーテンと鎧戸で閉められ、中の様子を窺い知ることはできない。雨の音以外は、物音ひとつしない。

「なんだか暗い家だな……、中村捜査班の怨念みたいなものを感じるよ」

　わたしがそう呟くと、相棒は傘をくるりと畳んで門扉を開けながら、ポジティブな返事を寄越してきた。

「でも、自宅にまで呼んでもらえたのは大きな進歩です。きっと突っ込んだ話が聞けますよ」

　確かにそうかもしれない。あれほど取材に警戒的だったXが、われわれを自宅に招くとは、なにか話したいことがあるのかもしれない。期待と緊張からはやる気持ちを抑えるように、インターホンを押すとほぼ同時に、扉が内側から開かれた。

「いらっしゃい。こんな雨の日に悪かったね。中へどうぞ」

われわれが来るのをずっと監視していたとしか思えないタイミングだ。中に入ると、六畳ほどの応接間のような部屋に通され、Xと向かい合う形でソファに腰を下ろした。

わたしは、まず公安部が作成した捜査資料を彼に手渡した。「中村犯行説」を批判するためだけに作られた、あの資料だ。彼がどんな反応をするか見たかった。

「ああ、これですか。わたしも昔に読みましたよ。本当にこじつけみたいな言い訳が多くてね。はっきり言って、呆れちゃいましたよ」

意外にも、Xは軽く笑い飛ばした。そこで、あえて意地の悪い質問をしてみる。

「ただ、これを読み込むと、確かに目撃証言の人台や中村の供述の整合性に疑問が湧くところもあります。それについてはどう考えられていますか？」

「あのね、清田さん。どんな事件でも、目撃証言というのはブレるものです。なんとなく横を自転車ですれ違った人のことを、時間が経ってからどれだけ正確に言えますか？　年齢や身長を正確に言える方が不自然です。しかも、身長についてはそんなに高くなかったという証言もあるんです」

Xの話しぶりには、何の迷いもなかった。警察官として数え切れないほどの事件を捜査してきた自信に満ち溢れていた。隣にいる相棒が質問を重ねる。

「供述の整合性についてはどうでしょうか。かなり食い違っているところもあるようです」

「どれも、重箱の隅をつつくようなものばかりですよ。なにからなにまで正確に記憶している人間なんかいませんし。むしろ重要なのは、中村があれだけの〝秘密の暴露〟をしたことです」

そうなのだ。中村の供述で出てきたことは、絶対に真犯人でしか知り得ないことなのだ。しかし、公安部はそのことをわかっていながらなおも否定し続けたのだ。

「いつも同じことを聞いてしまうのですが。なぜ公安部はそこまでして中村を否定したかったのですか?」

相棒の一言に、Xは深いため息をつくと、一瞬遠くを見るような目をした。そして、忌々しい過去を一気に吐き出すように答えた。

「どうしてもオウムの犯行にしたかったんでしょう。上からの圧力がかかっていましたから」

突き詰めていくと、いつもその結論にたどり着く。警察内部での「圧力」「妨害」。それは、あまりにも救いのない話だった。わたしも相棒も、それ以上質問をすることができなくなってしまった。すると、その様子を察したのか、逆にXが口を開いた。

「ただ、中村を逮捕できなかったのはわたしたちにも責任があります。米村さんからは『どうしても中村を逮捕したかったら銃か共犯者を持ってこい！』と言われていたんです。それを見つけ出せなかったのは事実で、完全にわれわれの敗北です」

米村氏が、刑事部の捜査班にそんな条件を突き付けていたとはまるで知らなかった。中村を逮捕するという選択肢も残していたのだ。しかし、それが無理難題であることも明らかだった。なぜなら、中村は銃を船から太平洋に投げ捨てたと言っているのだから。

わたしは、聞いてみた。

「ただ、銃は海に捨ててしまっているだけに、もはや見つけることは不可能ですよね？」

「本気で海をサルベージ（捜索）することも考えましたが、予算的にも無理でした」

「そうですよね……」

「ただ、共犯者については可能性があった。少なくとも、われわれはそう考えていました。だから、今日はお二人に見せたい物があるんです」

Xは急に立ち上がると、ソファーの後ろにある棚を開けた。そこから取り出したのは、広辞苑五冊分はあろうかという分厚い捜査資料のファイルだった。何度も何度も読み返されたのであろう、手垢の汚れが全体に染みついている。付箋がそこらじゅうに貼られ、手書きのメモのようなものが縦横無尽にびっしりと書き込まれている。中村捜査班の血と汗と涙の結晶が、この中に詰まっているようだった。わたしと岡部は捜査資料の実物を前にして、思わず息を飲んだ。

Xはその束から「共犯者」と書かれたファイルを抜き出してテーブルに置くと、

「さて、お茶でも淹れてきますか」

と言い残して、部屋を出て行ってしまった。わたしは相棒と顔を見合わせた。

「これって、読んでいいということだよな?」

「そうでしょうね。粋なやり方ですね」

長年記者をやっていると、こういうシーンに出くわすことがある。本来、警察官のような公務員が内部資料を記者に見せることは職業倫理違反であり、場合によっては国家(地方)公務員法違反にあたる可能性もある。しかし、その一方で、社会正義や公益性からこうした行為が必要不可欠であることも確かで、内部告発のようなものだ。

だからこそ、Xは、捜査資料を直接われわれに見せるのではなく、あえて部屋に置いたままにしたのだ。あくまでも、われわれ記者が勝手に読んだことになるように。

「よし、資料を半分ずつに分けて、手分けして読んでいこう」

そう声をかけると、相棒はすでにペンと手帳を両手に持っている。

「重要な部分は全部メモを取りながらいきましょう」

わたしたちは、共犯者について書かれた捜査資料を読み漁り始めた。三時間ぶっ通しで。

## 謎に包まれた共犯者

Xからもたらされた共犯者に関する情報は、実に驚くべきものだった。正直、中村捜査班がここまで〝ハヤシ〟に迫っていたとは考えていなかった。結論から言えば、〝ハヤシ〟と思われる人物を数人特定していたのだ。もうあと少しのところまで行きながら、時効入りになってしまっていた。

その驚愕の事実について、捜査資料や関係者の証言を基に詳細を明らかにしていこうと思う。

時効成立の一年前の二〇〇九年頃、名古屋拘置所の取り調べ室では、テーブルを挟んでXと中村の攻防戦が続いていた。

「おい、中村、本当にこのままでいいのか？　このままだとオウムの犯行にされてしまうぞ？」

中村は苦渋の表情をしながら、押し黙ったままでいる。

「公安部がオウム犯行説一本で捜査している中で、中村犯行説に大転換させるためには確固たる証拠が必要だ。犯行に使用した拳銃か、共犯者か。供述してほしい」

Xは、中村の決断を迫っていた。銃に関しては大島へ向かう船から海に投棄したと、一貫した供述を繰り返していた。もちろん、嘘をついている可能性もあるが、「貸金庫の開扉時間」や「乗船記録」などの証拠から見ても、ほぼ間違いなさそうだった。

そこでXは、取り調べの焦点を共犯者〝ハヤシ〟に絞ることにした。ハヤシという名前は、少しでも中村が話しやすくなるようにとXが名付けた仮の名前だった。

「ハヤシのことについて、そろそろ話してくれないか？」

中村はXの目をまっすぐに見据えて言い返す。

「同志を売るような卑怯なマネだけは絶対にしない！」

Xも引き下がらない。揺さぶりをかけるような言葉を立て続けに浴びせかける。

「本当はハヤシなんて人間はいないんじゃないか？」

「なにか嘘をついているから話せないのか？」

「カッコイイことばかり言ってるが、本当は罪が重くなるのが嫌なんじゃないか？」

Xの攻めに中村は――

「われわれの最大の目的は、地下鉄サリン事件を発生させてしまった警察の責任を追及することにあった。量刑など全く気にしていない。そっちこそ、共犯者不詳でも解決にかけるだけの剛毅がないのか！」

中村は頑なだった。毎日のように繰り返される禅問答のような取り調べにも、共犯者については一切話そうとしなかった。

そこで、Ｘは別の作戦に出ることにした。〝ハヤシ〟と思われる人物の目撃証言を集めて、中村を追い込むことにしたのである。この時点で、中村捜査班が持っていた情報は、次のようなものだった。

・名古屋で現金輸送車を襲った際に、中村が出撃拠点として使用したガレージの経営者の女性が、駐車場の契約を交わす時に中村ともう一人の男を目撃している。「中村よりずっと若く（四〇～五〇歳くらい）、身長は一七〇センチほど、ガッチリした体型で背広を着ていた」という

・名古屋の事件で中村が逮捕された夜、大阪に住む中村の協力者・山崎のもとに何者かが電話をかけてきたと、山崎の妻が証言している。その夜、山崎はその人物と一緒に名古屋の出撃拠点となったガレージを片付けていたことが後に判明

・三重県にある中村のアジトの隣に住んでいた住民が、関東弁を話す男性を目撃、会話も交わしている

特に、捜査班が注目したのが中村のアジトの隣人の証言だ。

隣人はある日、洗濯物を干す道具を中村の家の庭に落としてしまい、それを拾いに向かった。すると、中村とは別にもうひとりの男がいて、その男から話しかけられたというのだ。

「スーツにチョッキを着ていて、どこかの会社の社長さんのような感じだった。顔は丸いえびす顔で、恰幅のいい中年男性。目つきは鋭かったが、物腰は柔らかく、関東弁を話していた」という。

この重要証言をもとに、捜査班は似顔絵まで作成した。こうして、〝ハヤシ包囲網〟をどんどん狭めていくことで、中村を逃げられないところにまで追い詰めていったのだ。こちらはすでに共犯者のことを知っているんだぞと言わんばかりに。すると、中村はわかりやすいほどに狼狽した。時には、椅子から立ち上がって、あたりをぐるぐると歩き出すほどだったという。

## 中村が語った共犯者〝ハヤシ〟

そして、中村は〝ハヤシ〟との関係について、ポツリポツリとだが話し始めるようになった。

「ハヤシと出会ったのは、一九八七年か八八年頃だったと思います。アメリカ西海岸の射撃場かガン・ショップで会っていますし、ニカラグアの国境近くでも会いました。『戦場探訪をしている』と言っていました。出会った頃の彼は、わたしより一回りほど年下の四〇代半ばぐらいだったと記憶しています。ニカラグア革命やキューバ革命の話をしていくうちにお互いの思想的な部分が触れ合って、同志のような関係になりました。

彼にも偽造パスポートを作ってあげて、アメリカにおいて工作員としての訓練を行いました。わたしが指導しました。当時は、アメリカで中古車を仕入れて日本に送って販売する仕事をしていると言っていました。

その後、日本に帰国してから、『特別義勇隊』という秘密の武装組織を彼と結成しました。一個分隊程度の精鋭小集団として、非常事態が発生した時に軍や警察に代わって行動するのが目的でした。北朝鮮の拉致問題に憤慨し、朝鮮総連の幹部を誘拐して拉致被害者と人質交換する計画を立てたこともあります。アメリカに北朝鮮攻撃の口実を与えるために、北朝鮮工作員を装っての横田基地へのゲリラ攻撃や在日米軍司令官に対する攻撃を考えたこともあります。

そんな中で、オウム真理教による松本サリン事件が起きたためハヤシと共に第七サティアンを爆破する作戦を決行することにしました。工事用のダイナマイトをハヤシが入手してくることになっていました。

わたしは、爆破すればサリンが飛び散り一般人を巻き込むことになると思い、行動に移すのを迷っていました。彼はそんなわたしの態度に苛立っているようでした。

すると、今度は地下鉄サリン事件が起きました。ハヤシは『われわれが第七サティアンの爆破を躊躇したからサリン事件が発生した。あんたは計画はいいが、いよいよのときになるといつも逡巡する』と痛烈にわたしを批判しました。

その後も、『なぜ警察は早く強制捜査をしなかったんだ！』などと激しい議論を交わしていくうちに、怒りの矛先は警察に向いていきました。その後の、事件の経緯はすでに述べた通りです。

当日に使用した自転車や、逃走用の自動車はハヤシが手配してくれました。狙撃の後に車に乗り込むと、『どうだ、うまくいったか？』と聞かれたので『任務は完了した』と答えました。事件の日は、何回もハヤシと連絡を取り合いました。『國松長官が死んだとい

う ニュースが流れてないな』『狙撃はオウムがやったと思ったかな?』などと話しました。テレビ朝日への脅迫電話のときも『誰がやらせたのかな?　でも、こちらの筋書き通りに動いてくれているな』と言っていました。

事件当時、ハヤシは東京に住んでいましたが、わたしが三重県名張市に引っ越すと関西に移転してきました。仕事の関係だと言っていました。彼は日本で自動車を盗んで、東南アジアに販売するような仕事をしていたと思います。

それで得た金の一部を、ミャンマーとタイの国境地帯で戦うカレン民族解放軍に資金援助していると言っていました。

『タイは湿気があって暑くてたまらない』とも話していました。ハヤシと協力者・山崎とは完全に別人物です。むしろ、二人を会わせないようにしていました。たとえるなら、山崎は『心友』で、ハヤシは『戦友』でした。

これ以上は、ハヤシやハヤシの家族に迷惑がかかるので勘弁してください」

〝ハヤシ〟の名前や素性など決定的なところは話さなかったものの、共犯者に関する供述がついに飛び出したことで中村捜査班は沸き立った。喉から手が出るほど欲しかった情報が初めて飛び出したのだ。

## 「軍事教室」と日本人教官

中村供述の中でも捜査班が重要視したのは、「一九八七〜八八年にアメリカ西海岸の射撃訓練場かガン・ショップで〝ハヤシ〟と出会った」という点だった。

捜査官Xには、この言葉を聞いた瞬間にすぐ思い当たることがあった。それは、ロサンゼルスにある「軍事教室」の存在だ。そこではコンバット・シューティングと呼ばれる実戦形式での訓練を行い、小銃やナイフの扱い方から格闘技までを教えていた。当時、日本人のガンマニアや傭兵たちなどがこぞってそこに集まっており、中村も八〇年代後半から通っていたことがわかっていた。

そこを主催していたのは、東郷（仮名）という名の日本人の教官だった。彼の経歴は異彩を放っている。日本に生まれ育ったが、アメリカに渡り、陸軍に志願入隊。米軍兵士として朝鮮戦争で実戦経験を積んだ。その後、傭兵として南米やアフリカを転戦。再びアメリカに戻ると、私立探偵やガン・インストラクターとして活動し始め、ロサンゼルスで軍事教室を主催するようになった。さらに、東郷の名を一躍有名にしたのが、九六年にペルーで起きた日本大使公邸人質事件だ。フジモリ大統領から極秘裏に依頼を受け、救出作戦にあたる陸軍部隊に特殊訓練を施したと言われている。まさに、伝説のガンマンだった。

わたしたちは、その東郷が主催していた軍事教室の映像を独自に入手することができた。撮影された時代は不明だが、おそらく九〇年代前半頃であろう。

ロサンゼルス郊外と思われる荒涼とした砂漠地帯に建てられた屋外射撃場が映し出されている。そこに迷彩服を着てベレー帽をかぶりサングラスをした東郷が立っている。背はそれほど高いようには見えないが、日焼けした丸顔とがっしりとした屈強な体つきが印象的だ。

あの、目撃証言の似顔絵にどこか似ている。

映像の中の彼は、いかにも教官らしく銃弾について解説をしている。すべて日本語で、カメラ目線で語りかけてくる。

「これはフルメタル・ジャケットの３５７マグナム。重さは一二〇グレイン。３５７マグナムと38口径の弾とはまったく同じです。どこが違うかというと薬莢の長さが違う。それだけ火薬が多く入っているということ……」

その後、実際に銃を撃ち、弾丸を粘土の塊のようなものに撃ち込んでいく。どんどん違う種類の弾丸を試しながら、貫通力や威力の違いについて説明しているようだ。その中には、あのホローポイント弾も含まれていて、その破壊効果を嬉々として話している。

黒板が設置された学校の教室のような場所に映像が切り替わる。日本人と思われる二〇人ほどの生徒たちに向かって座学を教えているようだ。やはり東郷は迷彩柄の軍服を着ており、メガネをかけている。

「喧嘩するときに、俺は最初に you を〝気〟で飲むよ、絶対に。じゃあ、〝気〟はどこから出てくるのか？　眼から出てくる。バッーと。だから（相手の）眼を見ちゃいけないんだ、射撃のとき戦闘するときに。（中略）うちは何回も言うけど〝気〟で戦ってるわけ」

兵士として、傭兵として本物の戦場を渡り歩く中で、実際に人間を殺めたことがあるのだろうか、戦闘について語る眼つきの鋭さにはただならぬ迫力があった。

この東郷が主催していた軍事教室については、中村自身が供述の中で、射撃訓練をしていた場所のひとつとして認めていた。だから、「〝ハヤシ〟とはアメリカの銃関係の場所で出会った」という新たな供述が飛び出した時、教官やその軍事教室にいた日本人の中に〝ハヤシ〟がいるのではないかと疑ったのだ。彼らは、まさに、〝重要参考人〟だった。

しかし、またしてもXには、途方もない試練が待ち受けていた。

ちょうど中村が共犯者に関して口を割り始めた頃、東郷が急死をしてしまうのである。享年七六。偶然だとしても、あまりにもタイミングが合いすぎていた。しかも、その〝死に様〟が謎に包まれていた。

南米パラグアイの首都アスンシオンで自動車を運転中に、信号待ちで銃を持った二人組の暴漢に襲われたのだ。東郷は格闘したが、至近距離から頭部に二発の弾丸を撃ち込まれた。ほぼ即死状態だったという。

中村捜査班がようやくたどり着いた〝重要参考人〟は、遠く離れた南米の地で怪死してしまっていたのだ。

## 軍事教室の残党たち

実は、わたしと岡部は、アメリカ取材で東郷の軍事教室についても調べていた。

中村から、射撃訓練を行った場所のひとつとして教えられていたため、教室があった場所を訪れてみたり、関係者を探し回ったりしたのだ。その中で、われわれはある重要な人物と接触することに成功した。

いや、正確に言うと直接は会えてはいない。

彼は、扉を一枚隔てたところで息を殺すようにしてわれわれの様子をうかがっていたが、最後までわたしたちの目の前には姿を現さなかった。それはあまりにも不自然な行動で、いまだになぜそんなことをしたのか、本当の理由はわからない。ただ、彼がなにかを知っていることだけは確かだった。誰にも知られたくない、なにかを。

ここから、その取材の顛末を書いてみたいと思う。

アメリカでまずわれわれが探したのは、東郷の家族（妻や子供）だった。

そして、意外にもそれは容易に見つけることができた。しかし、話を聞こうと息子に電話をかけたところ、その返答は厳しいものだった。

「母（東郷の元妻）は、いま重度のアルツハイマー病で特殊養護老人ホームに入っている。とても取材を受けられるような状況ではない。わたしも当時は子供で幼かったために記憶がない。なにも話すことはない」

電話での口調からして、彼が取材を嫌がっているのがわかったが、少しでも情報を得るため、さらに食い下がった。

「では、ご自宅に残っているお父上や、昔の軍事教室の写真などだけでも見せていただけませんか？」

「はっきり言うけど、われわれは父のことを良く思っていない。軍事教室なんて、家族としては迷惑なだけだった。本当に、嫌な思いもした。悪いけど、取材は受けられない」

そう言うと、彼は一方的に電話を切ってしまった。東郷のことをもっともよく知るはずの家族への取材はあっさり断ち切られたのだ。こうして取材を断られるたびに、鉛のように重い徒労感を覚えるわたしに対し、相棒とコーディネーター・深作さんは決して諦めなかった。

岡部は、東郷教官や軍事教室に関する過去の雑誌記事などを片っぱしから読み漁り、関係者の名前をリストアップしていった。その中に、何度も出てくる名前が二つあった。それが、佐藤と加藤（いずれも仮名）だった。

佐藤に関しては、すぐに情報が見つかった。一九八七年付のロサンゼルスタイムズの記事に「東郷の射撃ツアーに頻繁に参加している寿司シェフ」として登場。

「俺はディズニーランドにもノッツベリーファームにも興味ないね。五、六日間かけて、ひたすら射撃場巡りをするんだ」などとコメントをしていたのだ。

わたしたちは、ロサンゼルス在住の寿司シェフで、佐藤という名前の人物を探した。すると、二〇一一年に六〇歳の若さで死亡していたことがカリフォルニア州の死亡届から判明した。この事件の関係者は、いつも突然死亡していたり、消えていなくなったりする。本当に不思議でならない。

そこで次に、加藤を探し出すことにした。

全米の電話帳や人物検索サイトに照合したところ、同姓同名の人物がカリフォルニア州に四人いることがわかった。ここまで絞れたら、あとは昔ながらのやり方でいくしかない。

全員に電話をかけるのだ。すると、一人目、二人目、そして三人目も別人であることがわかった。残る一人、何十回電話をかけても、留守電を残しても連絡が取れない人物が加藤本人である可能性が高かった。

## 扉越しの奇妙な対面

ロサンゼルスの中心部から南東へ車で三〇分ほど、低層の住宅が広がる郊外の小さな街にわたしたちは向かった。住所を頼りにしていたが、同じような庭付きの小さな家が無数に並んでいるため、なかなかたどり着かない。

「本当に、この取材は呪われていますね」

相棒が苛立ちをかみ殺すように苦笑いしている。

狭いエリアの住宅街の中を二〇分ほど探し回ったあげく、ようやく目的の家を見つけた。

それは、小道の行き止まりに佇む二階建ての白い家だった。家の前にある芝生を横切り、玄関の狭いアプローチを入っていくと、いきなり異様な看板が目に飛び込んできた。大型のリボルバー式の長身銃が木彫りされたもので、そこに「WE DON'T CALL 911」の文字が書かれている。日本語に直訳すれば「われわれは警察を呼ばない」という意味で、〝家に入ってくれれば警察を呼ぶまでもなく銃で撃つぞ〟という意思表示をしているわけだ。

「すごい看板ですね……。本当に気をつけた方がいいかもしれませんよ」

いつも強気な相棒が、少し怯んでいる。そもそも、実戦形式の軍事教室に通っていたような人物だ。本当に発砲してくるかもしれない。しかも、突然撃ってこられたら素人のわれわれは気をつけようがない。インターホンを押すわたしの指は震えていた。

「ブー」

独特のブザー音が家の中で鳴っているのがわかる。

「ブー、ブー」

何度か続けて押すが、出てこない。もしかしたら警戒されているかもしれない。わざと女性である深作さんにドアをノックしてもらい、声をかけてもらった。

「加藤さん！　いらっしゃいますか？」

ドン、ドン、ドンと威勢よくノックする深作さん。こういうときに女性は度胸がある。

しかし、返事はなかった。

「本当に家にいなそうですね。きょうは諦めてホテルに戻りますか」

そう言いながら車に帰ろうとする相棒を、わたしは呼び止めた。記者としての勘が働いたのだ。

「家の裏に回ってみないか？」

わたしはテレビドラマ『相棒』の杉下右京のように、隣の家との間にある細い道をすり抜けて、家の裏側へと回ってみた。すると、垣根越しにちらりとだけ、庭に水を撒く六〇代くらいの女性の姿が見えた。

反射的にわたしは声をかけていた。

「すみません、ちょっとよろしいですか？」

「はーい」

ロサンゼルス郊外の小さな街で、突然日本語で話しかけられたのに驚いたのか恐る恐る女性はこちらに歩いてくる。

「なにか？」

「突然お邪魔してすいません。わたしたちはテレビ朝日の記者なのですが、加藤さんという方を探していまして、こちらの家だとおうかがいしたのです」

「はい。わたしの夫ですが……」

ビンゴだ。やはり、ここは彼の家だった。

「旦那さんに少しだけお聞きしたいことがあるのですが、東郷教官の軍事教室のことで」

「ああ、はいはい。昔よく行っていましたね」

「いま旦那さんは御在宅ですか」

「ええ、家にいますよ。呼んできましょうか？」

「ありがとうございます」

「じゃあ、玄関の方に回っておいてください。すぐに行かせますんで」

そう言うと、妻は家の中に入っていった。われわれは、すぐに玄関の前へと引き返す。

「不信感を持たれていませんね。とりあえず会うことはできそうですね」

アメリカ取材は苦労続きなこともあり、相棒は嬉々としている。

「ちゃんと話を聞けるといいけどな」

わたしも、このときは中村の話を聞けるかもしれないという期待を抱いていた。しかし、五分待っても、一〇分待っても誰も出てこない。一五分が過ぎ、さすがにおかしいと思い始めた頃、突然扉が開いた。そこにいたのは加藤の妻だった。

「ごめんなさい……夫の様子がおかしいの。どうしても会いたくないって」

妻は本当に申し訳なさそうに答えた。

「ご体調が悪いのですか」

わたしが聞くと、妻は首を振った。

「そうじゃないのよ、全然元気なんだけど……日本からわざわざ記者さんが来ていて、東郷さんの話を聞きたいみたいと伝えたら突然うろたえちゃって。いきなり怒鳴り出したのよ。『おれは誰とも会わない！　そんな奴ら叩き返せ！』って」

　妻は平謝りで続ける。

「正直、こんなことは結婚して初めてのことなの。いつもは穏やかな人なんだけど……、あんなに怒るなんて。本当にごめんなさいね」

　この過剰な反応には、なにかある。相棒とアイコンタクトを取ると、あえてこんな質問をした。

「いえ、こちらこそすいません。突然来たわれわれがいけなかったのかもしれません。ちなみに、旦那さんは東郷教官の名前を聞かれて、お怒りになっているのですか？」

　すると、妻は急に小声になってこう言った。

「そうなのよ。とにかくすごい動揺していて……、いまも扉の向こうで話を聞いていると思うの」

　玄関の扉一枚隔てた向こう側で、加藤は息を押し殺してわれわれの会話を聞いているらしい。明らかに異様な行動だった。すると相棒が、わざと彼に聞こえるような声で妻に伝えた。

「わかりました。それでは、わたしたちがお聞きしたいことを紙に書いてお渡ししますので旦那様に読んでいただくことは可能ですか？」

「それくらいは大丈夫だと思います。せっかく日本から来られていますし」

こういうときは下手にごまかしてもしょうがない。國松事件を取材していること、中村が真犯人の可能性があること、中村が通っていた軍事教室について話を聞きたいことなどを単刀直入に綴って妻に託した。

「お手数ですが、よろしくお願いします。またおうかがいしますので。お返事がいただけると助かります」

そう言い残して、その日は家を去ることになった。

結局、その後われわれは計五回ほど加藤の家を訪れ、その度に妻を介して交渉をしたり手紙を託したりしたが、最後まで本人と会うことはできなかった。手紙は読んでくれたらしいが、どうしても会いたくないということだった。ただただ、彼の異様で不可解な行動だけが強く印象に残った。

だから、後々になって捜査官Xから、「加藤が〝ハヤシ〟である可能性もある」と聞いたときは本当に驚いたし、ある意味納得がいった。だから、あんなに慌てていたのかと。

そしてその瞬間、ある重大な事実に気づかされたのである。

もし、加藤のようなアメリカ在住者が共犯者であるならば、國松事件の時効は成立していないかもしれないのだ。犯行グループの主犯格が海外で暮らしていれば、その期間は時効が止まる。つまり、まだこの事件は終わっていないのだ。

## 東郷と加藤の正体

アメリカから帰国後も、加藤の異様な行動はわたしの中でずっとひっかかっていた。何とかして、彼のことを詳しく知る方法がないものか。頭を悩ませていた。そんなときに、相棒から一本の電話が入った。

「過去に東郷教官の軍事教室に通っていて、加藤のこともよく知る人物を見つけた」というのだ。その男性はいま東京に住んでいて、ミリタリーショップを経営しているらしい。相棒はその人と共通の知人がいたことで親密になり、東郷や加藤の〝裏の顔〟についても話を聞き出すことができたという。

ここから話すのは、岡部が得てきた「特ダネ情報」である。ただし、裏が取れていない部分もあるので、あくまでもそのつもりで注意して読んでいただきたい。それくらいに衝撃的な内容でもある。

情報を提供してくれた男性と会ったのは、新宿の居酒屋だった。

中年のサラリーマンたちがビール片手に大声をあげて盛り上がる店に、彼は気配を消すように静かに現れた。小柄だが、服を着ていてもわかるほど筋肉質な体をしている。無駄な贅肉が全くなく、極限まで肉体を絞りあげているのが見てとれる。年齢は五〇代前半だというが、その締まった外見からは、三〇代と言われたとしても信じたであろう。細面の顔に、どこか遠い所を見るような印象的な目つきをしている。

彼の素性も、普通ではなかった。もともとは陸上自衛隊に所属していた自衛官だった。しかし、「本物の戦闘を体験してみたい」という強い思いから、一九八八年にアメリカに渡ると、ノースカロライナ州にある傭兵学校でゲリラ戦の訓練を受けたという。

「戦争に参加したくても、当時は米ソ冷戦の時代でほとんど戦場がなかった。中米のニカラグアか、タイのカレン戦線くらい。自分はニカラグアのコントラ兵士になるための訓練をアメリカで受けていたんです」

彼はアルコールを一滴も飲まないらしく、ウーロン茶を少しずつ口に運びながら無表情に淡々と語る。

「しかし、訓練を受けている間に、戦争が終わってしまいました。自分も中村と同じ、ニカラグアに行き損ねた人間なんですよ」

そう言いながら、彼は初めて少し笑った。

中村の取材をしていると、本当にこういう人々ばかりと出会うことになる。われわれ一般人の全く知らない〝別の世界の住民たち〟だ。ちなみに、彼はその経歴もあって、國松長官狙撃事件の直後には警察の取り調べを何度も受けたという。もちろん、結果はシロだった。

「東郷らとは、どこで出会ったんですか？」

「九二年くらいだったと思います。ニカラグアに行き損ねた後もアメリカにはずっと行っていて、銃関係の仕事をしていました。その中で、同じ銃の仕事をしている東郷や加藤と出会ったんです。ロスの軍事教室にも何度も通いましたよ」

すると、彼は数枚の写真を取り出し、テーブルに載せた。

そこには、砂漠地帯の屋外射撃場らしき場所で、迷彩服に身を包んだ男たちが写っていた。ある写真では、一五人ほどのメンバーが二列に並んで集合写真を撮っていた。後列の真ん中にはサングラスをしてベレー帽をかぶった東郷が、その横には肩を組んだ加藤の姿もある。すべて男性が撮影した写真だ。

### 〝裏の仕事〟をもらっていた

「彼らは、どんな人物でしたか？」

「まあかなり怪しい人たちでしたよ。謎なところがあるというか……変なコネクションを持っていたんですよね」

「コネクション？」

「アメリカの裏社会とのコネクションですね。彼らはそこから〝裏の仕事〟をもらっていたんです」

話が、突然危険な方向に走り始めた。

「メキシコ国境あたりで人を撃つ仕事です。密猟者だか密入国者だかを銃で撃ち殺す。政府や警察がやれないことを、彼らは依頼を受けてやっていた。東郷本人からその話を聞いたんです」

なんと、裏社会から〝殺しの仕事〟を請け負っていたというのだ。

「加藤も、その仕事をやっていたんですか？」

「一緒にやっていました。彼は東郷の右腕というか舎弟のような存在で、東郷からなにか言われたら逆らえない。射撃技術もありましたから、手伝わされたんでしょうね。一度、直接加藤に〝裏の仕事〟のことを聞いたらピタッと動きが止まって『誰に聞いたんだ！』と険しい顔をされたことを覚えています」

やはり加藤には、決して人には知られたくない〝黒い過去〟があったようだ。わたしたちの取材に対し、あれほど異様な行動を取った理由がようやくわかってきた。では、中村とのつながりはどうだろうか？

「彼らが、中村の共犯者である可能性はありますか？」

「それはどうでしょう。二人とも思想があるようなタイプではなかったですから、どちらかというと傭兵に近かった。大金を積まれたらやるかもしれませんが……」

彼自身には、アメリカで中村と会った記憶はなかった。間接的に中村の話を聞いたこともないという。しかし、國松長官狙撃事件が起きたときには、ピンとくるものがあったらしい。

「パイソンなんてマニアックな銃を使う奴はまずいません。アメリカでも、コレクション用の銃ですよ。それが日本で使われた。犯人は相当なガンマニアだとすぐわかりました」

日本人のガンマニアが集まる場所は、世界を見渡してもそうそうあるものではない。そう考えると、中村が東郷の軍事教室で共犯者〝ハヤシ〟と出会っている可能性は相当高いように思えた。

後日、わたしたちは、中村に「東郷や加藤が共犯者〝ハヤシ〟なのか？」と問いただしてみた。

しかし、返事はノーだった。

〈東郷とは初期のごく短い弟子入りの次期以降全く会っていません。もし交流を続けていましたら、全世界に報道された例のリマの日本大使館公邸占拠事件を間近で目撃したり、あるいは関与するような成り行きになっていたかもしれません〉

〈加藤という名には記憶がありません。多分会っていなかったのだろうと思いますが、あるいは本名ではなく他の通称で付き合っていたのかもしれません。

とにかく、私が早々に東郷の許を退散したのは日本人や日系人の出入りが多かったので、それらとの接触を避けるためでした（偽装の経歴を破綻が生じないように保持していくのはなかなか面倒なことなのです）〉

東郷や加藤が共犯者でないとするならば、いったい誰が〝ハヤシ〟なのだろうか？　また取材は振り出しに戻ってしまった。

## フランスからの便り

われわれは、再び捜査官Xと会うことにした。待ち合わせは、もはや〝いつもの店〟となっていた新宿の個室居酒屋。Xがあと半年あまりで警察を定年で退官することが決まっており、これまでの慰労会も兼ねて集まることにした。

およそ四〇年もの長い警察官人生への労いの言葉もそこそこに、やはり話題は自然と國松事件や中村のことになってしまう。

「わたしたちがアメリカで取材してきた東郷や加藤がハヤシの可能性はあるのでしょうか？」

そう単刀直入にぶつけると、Xは焼酎を口に運びながら、静かに話し出した。

「なにかしらの関係はあるかもしれませんが、決定的な証拠がないからには、断定できませんね」

「中村捜査班の中では、他にもっといい線があったんですか？」

「一人、怪しい奴はいましたよ。二〇〇四年頃、フランスから中村の弁護士宛に絵葉書を送ってきた人間がいてね、その内容は暗に中村の近況を気にかけているようなものでした。そこで、われわれが調べてみると、元陸上自衛隊員の男だと判明したんです。しかも、かつてロサンゼルスで生活していたこともある。中村との接点があるようでした」

われわれは、これまで聞いていなかった話に色めきだった。その男こそまさに、〝ハヤシ〟ではないのか？

「本人にも事情を聞いたところ、中村との関係は認めた。ただ、長官事件への関与は認めなかった。そこで時間切れになったんです。時効が成立しました」

「その男が、本当の共犯者だったんでしょうか？」

「これは、あくまでわたしの推測ですが……、國松事件の現場に同行した〝ハヤシ〟とは別の人間だと思いますが」

「どういうことですか？」

「いま思えば、中村は自分の支援者たちのことを、まとめて〝ハヤシ〟と呼んでいたのかもしれません。つまり、ハヤシは複数いたということです」

なんということだろう、中村は捜査を攪乱するためなのか、共犯者を特定させないためなのか、実在する複数の支援者をあたかもひとりの人格のように偽って話していたというのだ。

## 最後の容疑者

慰労会も終盤に差し掛かった頃、相棒の岡部が資料のファイルを取り出して、捜査官Xに渡した。

「これは、最近の中村との手紙のやりとりの中で、ハヤシについて書かれた部分を抜粋したものです。改めてこれを読んで、なにか思い当たることはありませんか？」

先ほどまで、赤ら顔で気持ち良く酒を飲んでいたXは、急に真剣な顔つきになると、食い入るように中村からの手紙を読み始めた。やはり、いくつになってもデカはデカだ。退官間近だろうと、捜査となると無我夢中になって、我を忘れてしまうようだ。

相棒がまとめた、中村の手紙の要点はこんなものだった。

〈ハヤシの当時の仕事はUSAで中古車を仕入れては日本に持ち込むようなことをしていたようです（当時はまだChevrolet のCamaroX、Ford のMustang などそこそこ人気がありました。因みに私自身も一時期Mustangを使っていたことがあります）。

私はあまりハヤシの生業に関与したことはないのですが、その後も配下の者と共に車の輸出入のビジネスを続けていたようでした。

私もそれについては多少関心がありましたので、日暮里あたりで営業していたその同業者から関連書類のサンプルをもらったことがありました。私が参考資料としてハヤシから受け取った自動車輸出入関連の書類は日暮里あたりにあった太田モーター（仮名）とかいうような業者のものでした。警察は家宅捜索の際に私の家からそれを押収すると、その会社の経営者はもちろん従業員全部に対する徹底した聞き込みを行いました。あるいはこれには突撃銃とかロケットランチャーのような大型の火器の搬入に輸入車が利用されているのではないかという疑惑を抱いていたからかもしれません。その結果、ハヤシの配下と思われる人物との繋がりを発見したようです〉

Xは、何度も何度も読み返したのち、資料から目を上げると、天井を見上げるようにしてこう口にした。

「わたしの捜査した対象の中に、ほかにも共犯者につながる人間がいたんでしょうね。中村本人にも取り調べの中でそれを話していた。だけど、わたしが追い詰めきれなかった……」

Xの目に、赤い炎がついたように見えた。

「これから再捜査をします」

「え!?　でも、事件はもう時効入りしていますし……Xさんも、もう退官ですよね？」

「この太田モーターという名前に、わたしは覚えがあります。確か、中村のアジトから出てきた車両関係の書類に記載があったはずです。当時、その会社は、捜査にも非協力的で、刑事の勘としてもかなり怪しかった。警察官人生は残り数か月ですが、やれるだけやってみます」

そういうと、Xは突然立ち上がり、われわれにお辞儀をすると、店を足早に出て行った。

残されたわたしと岡部は、呆気にとられてお互いの顔を見合わせた。

## たった一人の〝再捜査〟

翌日から、捜査官Xは本当にたった一人で國松事件の〝再捜査〟に乗り出した。

もちろん、事件そのものは時効入りしているため、警察で正式な捜査を行うことはできない。真実を突き止めたところで、犯人を罰することはできない。あくまでも、X個人としての行動である。退官までに残された時間もほとんどなかった。

そこで、彼はいきなり本丸に切り込むことにした。太田モーターを直撃することにしたのだ。整備工場を訪れ、六〇代の社長に警察手帳を見せて自己紹介をすると、相手は後ずさりするほど驚いた様子を見せたという。しかし、「もう終わった事件について話を聞きたいだけだ」と説明すると、どこかホッとしたような表情で、聞き込みに応じたという。

Xは、まず、こんな質問から始めた。

「九〇年代前後、アメリカの中古車会社から車を輸入していましたか？」

「はい。輸入していました」

「どこの会社からですか？」

「会社ではなく、個人からですが……」

「どんな方ですか？」

「高校時代の同級生の小林（仮名）という奴です。ロサンゼルスに住んでいました」

九〇年代初頭のロサンゼルス……、中村の活動時期と完全にオーバーラップする。しかも、この社長と同級生だとすれば、年齢層的にも中村の語るハヤシの人物像と遠くない。

Xがさらに詳細を聞き出そうとする。

「その、小林さんという方のことをもう少し教えてください」

「英語が堪能で、アメリカで車や雑貨、靴や鞄などを仕入れてはわたしの会社に送り、それを日本で自分で受け取って販売したりしていました。それに、小林の友達がコルベット・スティングレーというスポーツカーを買うというので、アメリカからわたしの会社に送り、ナンバー登録の手続きをやったこともあります」

中村が乗っていたというマスタングも、やはりこうして購入したものなのだろうか。線が一本につながり出した。

社長に小林の写真が残っていないか調べてもらうと、古いアルバムに一枚だけ残っていた。

少し表情に翳（かげ）はあるものの、長身でハンサムな男だった。歌手の稲垣潤一にどこか似ていた。『クリスマスキャロルの頃には』でヒットを飛ばした、あの歌手だ。

捜査官Xは、核心に迫ろうとする。

「彼は、いまどこにいますか？　直接話してみたいのですが」

社長は少し困ったような顔で答える。

「小林は、すでに死んでいます」

Xは一瞬言葉を失ってしまった。

どうして、どうしてこの事件はいつもこうなのだろうか……決定的な証拠を手にしたと思った次の瞬間、掌から砂がこぼれ落ちていくようにすり抜けていく。

「そうですか……誰かご親戚の方はいらっしゃいますか?」

「確か、江東区に実家があったはずです。卒業アルバムとか調べてみましょうか?」

「ありがとうございます。わかったら、ご連絡をください」

そう言うと、Xは社長に連絡先を伝えて立ち去ることにした。去り際に、中村の写真もちらりと見せて、國松事件の話をなんとなく振ってみるが、社長は中村のことも事件のこともよく知らないと言って、あまり反応しなかった。

**ついに共犯者を特定**

後日、Xは小林の実家を訪れ、兄との接触にも成功している。

七〇代の兄は〝堅物〟という言葉が相応しいタイプで、突然家にやって来た警察官に対して不信感を丸出しにして、最初は頑なに口を閉ざしていた。

「弟はとうの昔に死んでいます。それに、アメリカに行っていたので連絡もあまり取っていませんでした」

「いったいこれはなんですか⁉　なんの取り調べですか？」と、逆に質問をしてきた。Xは、直感的に、兄は弟がなんらかの犯罪に関わっていたのではないかと思いながらも、死んだ弟を守りたいのだとわかった。

Xがゆっくりと時間をかけて兄を懐柔すると、兄は渋々ながらも最低限のことは教えてくれた。

小林は、昭和二七年（一九五二年）、九月五日生まれ。太田モーターのオーナーと同じ荒川区内の高校を卒業した。その後、目黒のサーフショップで働いていたときにロサンゼルスにサーフボードの買い付けに行き、そこで出会った日系三世の女性と結婚。娘を一人授かり、そのままアメリカで暮らすことになった。現地では、電気会社に長く勤め、亡くなる二～三年前からは、複数の日本人スタッフを使ってリサイクルショップを経営していたらしい。オレンジ郡のハーバーシティーや、トーランスなどに二〇年以上住んでいた。何かの用事がない限り帰国しなかった。

兄は、弟と頻繁に連絡を取っていたわけではなかった。車関係の仕事をしていたことも知らなかったようだ。嘘をついている様子もなかった。ただ、弟と交わした会話の中で「ロスに住んでいる日本人から、日本に外車を持ち込むための方法を教えてほしいと相談を受けている」と言っていたことは覚えていた。この相談を持ちかけた日本人の名前は知らないし、会ったことはないという。Xは、これが中村のことだと思った。兄は、弟が車を日本に輸出する際の、相手先の会社の名前は覚えていた。もちろん、太田モーターだ。

また、こんな印象的な話もあった。小林の趣味は射撃で、兄がアメリカに行ったときには、ロスの街中にある倉庫のような射撃場に一緒に行ったことが何度もあるという。さらに、Xの興味を惹いたのは、小林がロスの自宅の下駄箱に拳銃と実弾をずっと隠し持っていたという情報だ。そのことを、弟の妻が嫌がっていたため、兄はよく覚えていた。拳銃がどんなものだったかは、はっきり覚えていなかった。

亡くなる一か月半前頃から、「真っ直ぐのものが曲がって見える」という電話が来るようになり、病院に行くようにと言うと、白血病と診断された。弟は、高校卒業後に近所の電気屋で働いていた時期があり、福井県の敦賀原発のトンネル内の電球の交換に一週間くらい派遣されたことがあるため、兄はそれが原因と考えていた。その頃の小林は長髪で、防護服に髪をすべて隠すことができずに、被曝していたというのだ。発病の連絡を受けて、すぐに渡米したが、見る見るうちに衰弱していった。

死亡したのは平成七年（一九九五年）九月二日。享年四二。國松警察庁長官狙撃事件から、わずか五か月後のことだ。遺骨は日本に持ち帰り、東京にある墓地に埋葬した。

Xがここまで突き止めたとき、いよいよタイムアップとなった。

ついに、警察手帳を返納する日がきたのだ。退官間際になってからの、捜査官Xの執念の捜査もこれで終わりになるはずだった。

しかし、ここから、思わぬ展開が待ち受けていた。

Xが退官して数か月後、太田モーターの社長から突然電話が舞い込んできた。

「Xさん、もう警察は辞められたのですよね？」

「ええ、退官しました」

「では、もう警察官ではないのですよね？」

「そうですね」

「では、お話したいことがあります。お会いできませんか？」

「わかりました」

謎に満ちた電話を受けたXは、指定された店に向かった。

そこは、上野にある高級料亭だった。芸者が出てくるような店だ。

先にやってきていた太田モーターの社長は、整備工場で油にまみれた作業着ではなく、きっちりとしたスーツ姿だった。なぜか、妻も連れてきている。普通の飲み会に呼ばれたわけではないことだけは、確かだった。

「折り入って、お話したいことがあります……。ただ、その前に、もう一度だけ確認をさせてください。もう、警察は辞められているんですよね？」

「はい、もう退官しました」

「では、話させていただきます……」

社長はまだ逡巡しているようだった。しかし、横にいる妻が背中を押す。

「アンタ、ちゃんと話しなよ！」

ようやく決意を決めた社長は、長い間ずっと胸の奥にしまいこんできたであろう言葉をついに吐き出した。

「國松事件に、小林は関わっていると思います」

ただでさえ静かな料亭に、無音の静寂が訪れた。

だが、一度堰を切った水は、止まることがなかった。静寂はすぐに打ち破られた。

「あいつがやったと思います。間違いないです」

それは、事件発生から二三年後のことだった。

# エピローグ

元捜査官Xは、その後も中村犯行説を証明するため、一人だけの孤独な捜査を進めた。その結果、小林こそが長官狙撃事件における中村の共犯者であり、犯行当日にも中村と行動を共にした人物だと特定したという。

もちろん、事件はすでに時効が成立しているし、小林本人も死亡している。死人に口なしだ。

最後の最後のところの真実は誰にもわからない。

ただ、Xは、その真実をどうしても知りたかった。だから、わざわざ退官後も岐阜刑務所に中村を訪ねて、本人に確認を取ったという。その結果、中村は小林が共犯者だと認めた。

一方、わたしと相棒も、四年に及ぶ長期取材の末に摑んだ「國松事件の真相」がある。

それは、中村が事件を起こした本当の理由は、オウム真理教に対する怒りでも、警察への義憤でもないということだ。若き日に警官を殺して捕まり、二〇年近くも刑務所に入れられたことへの〝逆恨み〟。警察への歪んだ〝復讐心〟こそが、彼の真の目的だったのではないだろうか？

中村の実弟によれば、中村は最初の刑期を終えて娑婆に出てきて以来、ずっと「いつか警察庁長官を射殺してやる」と繰り返し口にしていたという。

地下鉄サリン事件の混乱の中で長官を暗殺すれば、誰もが犯人はオウムだと思うだろうと考えて実行したのだ。そして、その目論見はほとんどその通りになった。

中村は彼独特の人間性と類いまれな犯罪者としての才能ゆえに稀代のテロリストとなったことは間違いない。偽造パスポートを自ら作り、アメリカに潜入して射撃訓練を繰り返し、大量の銃器を誰にも見つからぬように日本に密輸し、警察のトップを狙撃して完全犯罪を成立させるなど、中村でなければできなかった。彼はその才能を、完全に間違った方向に使ったのだ。チェ・ゲバラに憧れ、革命戦士になり損ねた男は、凶悪な犯罪者の道へと転げ落ちた。

中村と小林の出会いは、どうやらアメリカの射撃場だったようだ。ただし、二人は思想的な同志などでは決してなく、単に中村が金で小林を誘ったと見るのが実際のところだろう。小林はいつも金に困っていたという周囲の証言もある。〝ハヤシ〟と名付けていた他の支援者たちについても、同じように金銭的な関係だったはずだ。

中村が警察の取り調べに対し頑なに共犯者の名を語らなかったのは、國松事件を起こした動機が崇高な思想ではなく、ただの復讐であり、共犯者も金で雇っていたことを知られたくなかったためではないだろうか？


われわれは、この結論を、中村への最後の手紙で問いただしてみた。すると、これまでになく弱々しい文字で返答が返ってきた。中村は、今年（二〇一九年）で九〇歳。近年は大腸がんの手術をしたことに加え、パーキンソン病の症状も進んでいるらしく、あれだけ達筆だった手紙の文字がだんだんと読みづらくなってきていた。

〈事件の動機が「私怨」だとするのは不適切だと考えます。そもそもの発端は（長官事件の）前年の6月に長野県松本市で神経ガス・サリンを使ったテロ攻撃が起こり多数の犠牲者が生じたことにあります。これは世界で初の化学兵器テロでしたが、その実体が解明されなければ、その再発の公算は大きいと判断するのが当然でしたが、警察首脳の反応は緩慢で統一的な捜査体制はとられませんでした。

その結果、オウムの摘発は遅れ、その反撃を許して地下鉄サリン事件という大惨事を招いたわけです。以前から北朝鮮工作員に対抗するためにサリンに関するデータを収集し防毒マスク等も整備していたわれわれから見れば甚だ悠長な対応であり、怠慢ともいうべき行動でした。

思えばかつてノモンハンで、ガダルカナルで、インパールで、無謀な作戦で多数の無駄な犠牲者を出しながらも、その作戦をたて指揮命令をした上官連中は何の責任も問われずに生き延びてきました。

こういうことを許してはならない。誰もやらない（あるいはやれない）のであれば、この手でやるというのが以前からの私の信条でした。ただし、本件の場合、単純な懲罰行動で終わらせてしまうつもりではありませんでした。いやしくも人命を奪う以上は、それを活用することも考えなければならない。これは各国の情報機関の秘密工作でもしばしば見られるところです。それが次のような策の採用となりました。

暗殺決行後、当分の間、実行声明のようなものは発表しない。そうすれば、警察当局はおそらく殆ど全員が自分たちのトップがオウムによって殺されたと受け取って敵愾心を煽られ奮起して教団制圧へ向けて突き進むに違いない――とまずはこのようなものでした。

ところが現実にはご存知のとおり長官は奇跡的に一命を取り留めてしまったので、当初の計画は成り立たなくなってしまいました。そこへ例の「A元巡査長騒動」が起こって、なおさら事態は混沌として全く予期せぬ方向へ迷走してしまったというわけです。

以上、できるだけ整理して記したつもりですが、果たして理解いただけますかどうか。

以上に述べたことからでも事件の動機が「警察への怨みを晴らす」というような単純な説明で納得させられるものですかどうか。それはたとえば、われわれが装備していた（複数の）防毒マスクにしても、それは得体のしれない武装団体に対抗するためのもので、警察への私怨と結びつけるのは無理でしょう。

とにかく地下鉄サリン事件がなければ、われわれの決起はなかったわけですから、その結び付きを説明できなければ私怨動機説は成り立たないようですが、いかがでしょうか。

以上、書簡で求められていました最後の質問とされる事項への回答となります。

夏ばては多少回復しましたがパーキンソン症のほうは相変わらずですので昔とは大違いの乱筆になっていますが、ご容赦ください。中村泰（2018年9月10日付け）〉

最後まで、いかにも中村らしい手紙だった。

自分は、日本国民のために決起した革命戦士だという幻想に、いまも獄中でひとり浸っているのかもしれない。

中村は、國松事件の真犯人でありながら、その罪に問われることは永遠にないだろう。

しかし、その真相を知ったいま、事件を忘却の闇に消し去ってしまっていいのだろうか？　そんなことは絶対にない。少なくともわたしや相棒の岡部は、そうは思っていない。事件に関わった多くの捜査官たちも、決してそう思っていない。

「真実はひとつしかない。いまからでも遅くない。真実をきっちりと探求して、日本警察の底力を見せてやってほしい」

中村捜査班のデカたちが、最後にわれわれに授けてくれた魂のメッセージだ。

そうだ。真実はひとつしかない。真実を隠してはいけない。

警察や国家でもミスを犯すことはある。しかし、時代が経た後に必ずそれを振り返らなければならない。ミスが起きた要因を徹底的に検証し、二度とミスが起きないように真摯に反省しなければいけない。

國松事件を取材している間、わたしは日本の悪い病魔を覗き込んでいるような感覚を覚えることが多々あった。不都合な真実を覆い隠すために、巨大な黒い力が小さな正義を踏み潰す……。いま巷を騒がせているようなさまざまな事件も、そんなものばかりではないだろうか？

平成というひとつの時代が終わろうとする今、平成に遺された最大の未解決事件の全貌に触れていただくことで、読者の皆様にも考える機会になれば幸いである。

この事件の教訓を最後に書き記したい。

「真実を隠してはいけない」


この本を書くにあたっては、読者が読みやすいように、「わたし」の〝一人称〟で貫いているが、実際には相棒の岡部と二人での執筆作業だった。主に、「プロローグ」「第一章」「第二章」「第五章」を清田が書き、「第三章」「第四章」「第六章」「エピローグ」を岡部が書いた。お互いのパートに目を通して加筆・修正するスタイルを取った。

なお、本書は様々な事情から一度は頓挫しかけた経緯がある（奇しくもその日は長官狙撃事件が起きた三月三〇日であった）。その後、作家・吉岡忍氏が奔走され、編集者の金澤智之氏を清田に紹介してくださり、このたび上梓することができた。末筆ながら、この場をお借りして吉岡氏、金澤氏には深く御礼申し上げたい。

【著者】

清田浩司（きよた こうじ）

テレビ朝日報道局デスク。1991年慶應義塾大学卒業後、テレビ朝日に入社。報道局社会部、ニュース番組「スーパーJチャンネル」「報道ステーション」で記者、ディレクターを務める。95年の地下鉄サリン事件発生時から20年以上にわたり一連のオウム事件、裁判を取材。警察庁長官狙撃事件も発生時から取材を続ける。

岡部統行（おかべ むねゆき）

ジャーナリスト。早稲田大学在学中より新聞社やテレビ局に勤務。2002年よりフリーランスとして、テレビ東京「ガイアの夜明け」、フジテレビ「ザ・ノンフィクション」、TBS「夢の扉」、NHK「ハイビジョン特集」などのドキュメンタリー番組を監督。オウム事件やブラック企業、自殺問題など社会問題を中心に取り組む。

平　凡　社　新　書　9　0　3

警察庁長官狙撃事件
真犯人"老スナイパー"の告白

発行日——2019年2月15日　初版第1刷

著者——清田浩司・岡部統行
発行者——下中美都
発行所——株式会社平凡社
東京都千代田区神田神保町3-29　〒101-0051
電話　東京（03）3230-6580［編集］
　　　東京（03）3230-6573［営業］
振替　00180-0-29639
印刷・製本—図書印刷株式会社
装幀——菊地信義


ISBN978-4-582-85903-4
NDC 分類番号368.6　新書判（17.2cm）　総ページ272
平凡社ホームページ　http://www.heibonsha.co.jp/